리더가
하는 일

마음대로

—프롤로그—

리더를 만나고 대화하고 고민을 나누면서 내린 결론입니다. 세 부분으로 나누어져 있지만 하나입니다. 머리, 가슴, 배로 분류할 수는 있어도 떨어져 있으면 죽은 것처럼 말입니다. 알아야 결정하고, 결정해야 움직입니다. 움직이기 위해서는 결정해야 하고, 결정을 위해서는 알아야 합니다. 무엇이 먼저이고 나중인지 말하기도 어려운 봄, 여름, 가을, 겨울과 같은 순환입니다.

그래도 굳이 순서를 정하자면 봄이 자연스럽습니다. 씨를 뿌리고 나무에는 새순이 나고, 꽃이 피어오르기 시작합니다. 리더가 변화라는 열매를 맺기 위해서는 먼저 씨앗을 심어야 합니다. 리더의 씨앗이 정보입니다. 알아야 한다는 뜻입니다. 리더는 얼마나 알고 있을까요? 혹시 과거의 정보만 가지고 있는 건 아닐까요? 정보화시대는 지식이 곧 자산인 시대입니다. 알아야 리드하고 리드해야 리더입니다.

순수하게 아는 것에 집중하고 기뻐하는 사람이 있습니다. 학자가 그렇습니다. 리더가 학자처럼 깨달은 것으로 만족만 해서는 곤란합니다. 깨달은 것을 현실에서 보이게 해야 합니다. 보이지 않는 깨달음을 현실에서 보이게 하려면 문을 통과해야 합니다. 결정의 문입니다. 리더를 거칠게 정의하면 결정하는 사람입니다. 반대로 말하면 결정해야 리더입니다. 최악의 리더는 결정하지 않는 리더입니다.

알고 결정했다면 남은 건 움직이는 일입니다. 변화라고 부릅니다. 변화라는 단어를 쓰지 않는 이유는 너무 추상적으로 생각하기 때문입니다. 변화보다 달라짐이 이해가 쉽습니다. 가만히 있으면 달라지지 않습니다. 움직여야 달라집니다. 리더는 깨닫고 결정한 것으로 만족해서는 안 됩니다. 책임을 져야 합니다. 말하는 사람은 많고, 말을 이뤄내는 사람은 적습니다. 리더는 행동으로 책임집니다.

배우고 아는 건 끝이 없습니다. 결정은 고단하고 외롭습니다. 말은 쉽고 실천은 어렵습니다. 리더는 알고 결정하고 움직인다는 말에는 이렇게 끝없는 고단함, 외로움, 어려움이 숨겨져 있습니다. 그래서 리더가 어렵습니다. 그냥 직원으로 시킨 일만 잘하면 되던 시절이 그립기까지 합니다. 하지만 모든 경험은 언젠가 쓸모가 있습니다. 밤이 지나야 아침이 오고, 겨울이 지나야 봄이 옵니다.

그날이 멀지 않았습니다. 그래도 힘겨우면 혼자서 앓다가 사직서를 만지작거리지 말고 주위를 둘러보십시오. 부러진 가지를 품고 오늘도 하늘을 향하는 나무들이 있습니다. 동료 리더들입니다. 선배도 팀원도 가족도 모릅니다. 동료 리더와만 나눌 수 있는 마음이 있습니다. 리더십 컨설팅을 받지 않아도 알게 되고, 격려금을 받지 않아도 힘이 나는 동료 리더가 선물하는 존재의 힘입니다.

책을 그렇게 활용하면 좋겠습니다. 정보를 얻기 위한 독서가 아닌 동료 리더와 나누는 대화라고 생각하면서요. 할 수만 있다면 바쁜 현장이 아닌 한가로운 시간에 여유로운 공간에서 책을 펼치면 좋겠습니다. 대화는 그런 시간과 공간에서 더 깊어지니까요.

신자유주의 최정점 한국에서 복지를 선택했다는 것만으로도 어쩌면 가장 어려운 선택을 한 것인지도 모릅니다. 그곳에서 시간을 견디며 리더가 되었다는 건 그것만으로 박수받을 일입니다. 더욱이 조직의 허리인 중간 세대가 사라지는 시대에 온몸으로 위와 아래를 연결하는 위치만으로도 벅찹니다. 방법이 없어 보입니다. 이럴 때일수록 기본으로 돌아가야 합니다.

리더의 자리에 사람을 넣어도 자연스럽습니다. 아는 사람. 결정하는 사람. 움직이는 사람. 리더십이 아닌 인문학처럼 들립니다. 리더로 태어나기 전에 사람으로 태어났습니다. 본질은 하나로 연결됩니다. 먼저 사람이 되어야 합니다. 밥 먹고 사는 생물학적 사람이 아닌 자신의 삶을 의미있게 살아내며 다른 사람의 삶에도 선한 영향을 미치는 사람이 되어야 합니다. 그래서 리더십의 시작과 끝은 사람됨과 연결되어 있습니다.

사람이 사람을 위해서 사람과 함께 하는 사회복지의 리더십은 더욱 그래야 합니다. 몸에 맞지도 않는 조직이론과 리더십 프로그램에 주눅이 들지는 않았는지 돌아봅니다. 나의 사람됨이 어쩌면 우리가 할 수 있는 최선이자 전부인지도 모릅니다. 리더는 알고 결정하고 움직인다는 말을 이렇게 써도 괜찮겠습니다. 나를 알고, 내가 결정하고, 나는 움직입니다. 그런 사람이 되시기를 마음 담아 응원합니다.

2025.10
마음대로
노수현

목차

002 **프롤로그**

1장.
리더는

- 010 리더십이 만능은 아닙니다
- 015 정답 없는 시대, 나만의 리더십
- 018 팀보다 먼저 자신을 바라보기
- 021 원칙은 리더십의 뿌리
- 025 리더십을 무너트리는 조급함
- 028 리더의 숙명, 외로움
- 031 리더의 책임은 어디까지
- 034 그래도 리더입니다

2장.
알고

- 038 조직과 팀원 사이의 외줄타기
- 042 리더십은 위치 선정부터
- 047 자신부터 리드하기
- 052 의견을 모을 때와 결정할 때
- 056 잘하는 것을 더 잘하게
- 061 신뢰는 리더십의 연료
- 065 일할 맛을 내는 조직의 셰프

3장.
결정하고

- 072 기준이 있어야 결정합니다
- 075 기준은 정보에서 나옵니다
- 078 경험을 분석하면 정보가 됩니다
- 082 핵심에 집중합니다
- 086 포기도 능력입니다
- 090 결정해야 리더입니다

4장.
움직입니다

096 움직이기 위한 조건
101 리더는 말로 움직입니다
104 솔직한 말이 강합니다
109 핵심이 없으면 농담이 됩니다
113 설명하는 리더, 설득하는 리더
119 회의적 회의, 생산적 회의
125 비전을 보여주는 슈퍼비전
130 소통은 판단중지

136 **에필로그**

1장

———

리더는

리더십이 만능은 아닙니다

조직에서 리더십은 강조하고 강조해도 지나치지 않습니다. 조직에서 일해 본 경험이 있는 사람이라면 누구나 수긍이 될 겁니다. 하지만 중요해도 전부는 아닙니다. 줄기와 잎을 보면서 나무의 건강 상태를 파악합니다. 잎에 생기가 넘치고 줄기가 하늘을 향해 뻗어 오르면 건강한 나무로 생각합니다. 그러나 줄기와 잎만 보는 건 50점입니다. 나머지 50점은 뿌리에 있습니다. 어쩌면 50점 이상입니다. 줄기와 잎은 뿌리의 힘으로 견디는 겁니다. 줄기와 잎에 집중하는 건 눈에 보이기 때문입니다. 뿌리는 보이지 않습니다.

리더십은 조직의 줄기, 잎과 같습니다. 리더가 건강해야 조직이 건강합니다. 그러나 뿌리를 놓치지 말아야 합니다. 조직의 뿌리를 관리, 경영, 매니지먼트라고 합니다. 어떤 용어를 사용해도 괜찮습니다. 리더의 힘만으로는 되지 않는다는 사실을 기억하는 게 중요합니다. 조직에 적합하지 않은 인력을 채용했는데 리더십만으로 조직의 성과를 내기가 어렵습니다. 충분한 자원이 없는데 리더십만으로는 한계가 있습니다. 물론 인력과 자원의 한계를 극복하고 성과를 만들어내는 소수의 리더가 있습니다. 저는 그런 리더를 이순신이라고 부릅니다. 이순신 정도의 성품과 탈인간급이 아니라면 리더십만으로는 안 됩니다.

잭 웰치는 '마지막 강의'에서 조직은 얼라이어먼트와 리더십으로 요약된다고 말했습니다. 얼라이어먼트는 조직의 균형입니다. 사람을 잘 뽑아서 잘 배치하는 겁니다. 그렇게 배치된 사람들이 일을 잘할 수 있도록 지원하는 게 리더십입니다. 너무 쉬운 말로 들리죠. 원래 진리는 단순하고 간결한 법입니다. 실력이 뛰어나고 인품까지 좋은 리더가 능력이 부족한 사람들을 모아서 우승으로 이끄는 영화가 있습니다. 영화로 보기에는 감동적이지만 현실에서는 아주 드문 일입니다. 그러니까 영화로 나오는 거죠. 조직의 바탕이 갖춰져야 리더십도 힘을 발휘할 수 있습니다.

리더십을 너무 강조하면 조직이 갖추지 못한 책임까지 리더의 책임이 됩니다. 사람을 잘못 뽑아서 생긴 일인데 팀원을 제대로 이끌지 못한 리더십의 문제가 됩니다. 조직 구성이 잘못돼서 생긴 문제인데 능력이 부족한 리더가 됩니다. 구조적 문제와 기능적 문제, 환경의 문제와 자신의 문제를 구분해야 합니다. 안 그러면 모든 게 내 문제가 되고 시간이 갈수록 문제가 해결되기는커녕 문제만 커집니다. 리더는 무에서 유를 창조하는 신적 존재가 아닙니다. 유에서 더 나은 유를 만드는 사람입니다.

그렇다면 리더십 전에 갖추어야 하는 조직관리는 무엇일까요? 새 정부가 시작될 때마다 모든 언론에서 이구동성으로 외치는 소리가 있습니다. 인사가 만사라는 말입니다. 누구를 어떤 자리에 임명하느냐가 정권의 성패를 좌우합니다. 결국 사람이 하는 일이기 때문입니다. 정부 조직만 그런가요? 모든 조직은 예외가 없습니다. 기업들이 거액의 연봉으로 인력을 채용하는 이유입니다. 신규 사업은 아이디어로 되는 게 아닙니다. 그것을 현실에서 실현할 수 있는 사람이 필요합니다. 비영리조직도 예외는 아닙니다. 조직에 어떤 사람이 있느냐가 가장 중요합니다.

여기에 비영리조직의 문제가 있습니다. 비영리조직은 기업처럼 연봉으로 채용의 질을 높일 수가 없습니다. 그 대신 비영리조직은 사명과 가치라는 중요한 요소가 있었습니다. 그러나 집단 사명의 시대에서 개인 의미의 시대로 접어들면서 사명과 가치로 사람을 끌어들이기가 어려워졌습니다. 사람이 하는 일인데 좋은 사람, 능력 있는 사람의 유입이 없다면 조직은 어떻게 해야 할까요? 그나마 어렵게 구한 사람도 몇 년을 있지 못하고 나간다면요? 이럴 때 조직이 선택할 수 있는 단기적인 처방은 중간 리더들에게 과제를 넘기는 겁니다. 그래서 비영리조직의 중간 리더들이 힘들고 지치고 버티기에도 버거운 상태가 되어가고 있습니다.

리더십을 주제로 책을 쓰면서도 이 부분이 가장 안타까웠습니다. 그리고 혹시라도 리더십으로 이겨내라는 잘못된 메시지가 될까봐 걱정이 되었습니다. 앞으로 함께 나눌 주제는 리더십으로 모든 것을 해결하라는 게 아닙니다. 꼭 기억해 주시면 좋겠습니다. 조직이 해야 할 일이 있고, 조직원이 해야 할 일이 있고, 리더가 해야 할 일이 있습니다. 이렇게 구분해서 시리즈로 책을 준비한 이유이기도 합니다. 지금 조직과 조직원의 몫까지 나도 모르게 짊어지지는 않았는지 돌아보면 좋겠습니다.

현장에서 만나는 리더들은 대부분 무거운 짐을 지고 있습니다. 짐을 외면하고 자신의 짐까지 조직과 조직원에게 미루는 리더들은 많지 않습니다. 그럴 거면 벌써 그만뒀고 이런 책을 펼치지도 않았습니다. 내 가방 속에, 내 물건이 아닌 것을 하나씩 빼내야합니다. 남의 짐까지 가득 넣은 가방으로는 멀리 가지 못합니다. 산봉우리만 보고 무작정 오르지 말고 지금 잠깐 멈춰서 가방을 살펴보세요. 리더는 슈퍼맨이 아니고 리더십은 만능열쇠가 아닙니다.

정답 없는 시대, 나만의 리더십

서번트 리더십, 신바람 리더십, 독서 리더십, 셀프 리더십, 진성 리더십, 링컨 리더십. 리더십에는 끝이 없습니다. 종류도 많고 시대마다 유행하는 리더십도 다릅니다. 서점에 가면 아직도 리더십 관련 책들이 빼곡합니다. 리더십 교육 프로그램도 여전히 다양하고요. 그래서 혼란스럽습니다. 무엇이 리더십이고 어떤 리더십을 갖춰야 하는지를요.

그렇다고 리더십이 무엇인지 정의를 내리는 것으로 시작하지는 않겠습니다. 리더십을 정의한다는 건 사랑을 정의하는 것처럼 어려운 일입니다. 어렵게 정의를 내려도 그대로 실천하기도 어렵고요. 사랑의 정의를 알고 온전히 이해해서 사랑을 하는 사람은 없습니다. 사람을 만나고 헤어지며 사랑을 알게 되는 법이죠. 리더십도 마찬가지입니다.

'돌봄의 사회학'을 쓴 우에노 지즈코는 좋은 돌봄은 개별 돌봄이라고 단언합니다. 100명이 있다면 100개의 돌봄이 존재한다고 일갈합니다. 우에노 지즈코의 표현을 빌리면, 100명의 리더가 있다면 100종류의 리더십이 있습니다. 이제 책의 서두인데 답이 나왔습니다. 가장 이상적인 리더십은 자신의 리더십을 찾는 겁니다.

해외여행이 자유롭지 못하던 시절에는 비행기를 타는 것 자체가 신비한 경험이었습니다. 인터넷도 없고 해외여행 정보가 전혀 없던 시절이었습니다. 그때는 다른 방법이 없습니다. 여행사를 이용하는 방법밖에는요. 비행기 티켓팅부터 모든 과정을 여행사에 일임했습니다. 내가 여행을 가지만 엄밀히 말하면 여행사의 패키지 프로그램에 나를 맞췄습니다.

지금은 완전히 다른 세상이 됐습니다. 어려서부터 해외여행을 갑니다. 친구끼리도 가고 회사에서도 갑니다. 비행기 티켓팅부터 숙소, 일정의 모든 것을 스스로 알아서 합니다. 맛집, 체험, 미술관, 숙소, 쇼핑. 각자의 취향과 스타일만 있을 따름입니다. 어떤 여행이 더 훌륭하다고 말하지 못합니다. 미술관 투어는 훌륭하고 맛집 투어는 그렇지 않다고 말하면 그런 생각이 편협합니다.

각자의 취향에 맞는 여행 시대가 된 것처럼 리더십도 개성이 중요합니다. 자신에게 맞는 리더십을 찾아야 하는 중요한 이유는 그래야 팀원의 개별성을 살릴 수 있기 때문입니다. 내가 경험하지 못한 것을 남이 경험하게 하기는 어렵습니다. 자유로운 토론 문화를 경험하지 못한 윗세대가 자유롭게 아이디어가 넘나드는 회의 진행을 어려워하는 것처럼 말입니다. 리더부터 자신의 리더십을 찾아야 합니다. 그래야 팀원이 색깔을 찾고 그런 리더와 팀원이 모인 조직이 자신의 색깔로 성과를 냅니다.

팀보다 먼저 자신을 바라보기

전형적인 리더십은 없다고 했습니다. 리더의 색깔에 맞는 리더십을 찾는 게 중요하다고 했습니다. 그러면 어디부터 시작할까요? 사람의 행동에는 시선이 중요합니다. 발은 그냥 위아래로 반복 운동을 할 뿐이고 시선이 향하는 곳으로 몸이 움직입니다. 먼저 시선을 제대로 잡아야 합니다. 그동안 리더의 시선은 조직과 팀원에게 집중되어 있었습니다. 그러는 사이에 자신을 바라보는 시선을 놓쳤습니다. 시선을 놓치니 왠지 모르게 자신감도 없어집니다. 눈치를 보는 아이가 자신감을 잃는 것처럼 말입니다.

관계를 썩게 만드는 건 지나친 배려입니다. 자기 생각을 거침없이 때로는 무례하게 내뱉는 사람은 관계를 망치기는 하지만 썩게 하지는 않습니다. 상대를 지나치게 배려해서 자기 생각과 감정을 뒤로 미루던 사람이 회복하기 어려운 관계의 파국을 맞습니다. 언제부터 시작된 문제인지도 알 수 없어서 도무지 해결의 실마리를 찾지 못합니다.

리더도 같은 실수를 범할 수 있습니다. 조직을 생각해서 내 생각을 없애고, 민주적 의사결정이란 가면을 쓰고 팀원들 앞에서도 내 생각을 지웁니다. 그러면 조직력이 높아지고 팀원과의 화합도 깊어져야 하는데 결과는 정반대로 흐릅니다. 나를 희생했는데도 내 헌신을 알아주지 않는 조직, 배려했는데도 내 마음을 알아주지 않는 팀원 때문이 아닙니다. 내 뜻을 명확하게 표현하지 않은 내 책임입니다.

힘없는 사람이 힘 있는 사람을 용서한다는 건 어색합니다. 그것도 용서라면 용서겠지만, 내가 힘으로 해결할 수 있는 위치에서도 힘으로 보복하지 않는 용서가 진짜입니다. 내 뜻이 있지만 조직의 목표와 다수의 생각에 합의하는 게 조직을 생각하는 겁니다. 내 뜻이 있지만 팀원의 다양성을 고려해서 목표와 속도를 조절하는 게 진짜 배려입니다.

그동안 너무 멀리만 보고 있었는지도 모릅니다. 주변을 살피던 시선을 자신에게로 고정해 보세요. 지금 시점에서 가장 중요한 가치는 무엇인지 스스로에게 물어보세요. 그것을 위해서 무엇을 준비해야 하는지 생각해 보세요. 이것을 실현하기 위해서 조직과 팀원을 어떻게 설득해야 하는지를 고심해 보세요. 그런 고독한 질문의 시간에 리더의 시선이 생깁니다. 행동은 시선의 결과입니다.

원칙은 리더십의 뿌리

사회가 너무 빠르게 변하고 있습니다. 인공 지능 분야 전문가의 하소연을 들었습니다. 라디오 프로그램에 출연을 약속하고 준비하는 몇 주 동안 자신의 생각을 바꿀만한 기술변화 논문이 새로 나온다고 합니다. 도무지 어떻게 대응할 수가 없을 정도라고 합니다. 사회복지 분야는 그 정도는 아니지만 사회변화의 속도와 무관한 분야는 아닙니다. '사회'라는 단어가 붙어 있으니까요. 변화의 속도가 빠를수록 본질을 찾으라고 말합니다. 속도의 원심력만을 따라가다보면 따르기도 힘들고 정신줄을 놓을 수도 있습니다. 원심력이 있다는 건 구심력이 작동하기 때문입니다. 구심력의 중심에 본질이 있습니다. 리더십에도 구심점이 있습니다.

리더십의 구심점은 원칙입니다. 다시 한번 강조해서 말씀드리고 싶습니다. 원칙이 있어야 합니다. 변화하는 시대에 유연성과 대응력을 강조합니다. 물론 맞는 말입니다. 사회 변화에 유연하게 대응해야 하고 팀원과 조직의 소통을 위한 유연한 대응력이 있어야 합니다. 그러나 사회, 조직, 팀원에 맞추다 보면 원심력의 끝에서 길을 잃게 됩니다. 구심점이 없다면 방향 없이 날아갑니다. 내 원칙을 가지고 변화에 대응해야 합니다. 내 원칙을 분명히 하면서 조직과 타협하고 팀원과 대화해야 합니다. 원칙 없는 대응은 유연한 게 아니고 임시 방편에 지나지 않습니다. 그런 태도를 유연한 리더십, 수평적 리더십, 원활한 커뮤니케이션으로 포장하면 곤란합니다.

리더는 조직과 조직원을 생각하기 전에 내 원칙이 무엇인지 진지하게 점검해야 합니다. 지금 원칙이 떠오르지 않는다면 리더의 직책을 가진 팀원입니다. 원칙이 있되 추상적이라면 성과를 만들지 못하고 꿈만 꾸는 리더와 같습니다. 리더는 결정하는 사람입니다. 결정을 하려면 기준이 있어야 합니다. 아니면 똑같은 사안을 그때 그때의 기준으로 다르게 결정합니다. 일관성 없는 리더는 조직과 팀원을 혼란스럽게 합니다. 그런 오락가락 결정을 몇 번만 반복하면 조직원은 더이상 리더를 따르지 않습니다. 어차피 결정이 번복될 것을 알기 때문입니다. 원칙은 그래서 강조하고 강조해도 지나치지 않습니다.

프레드문트 말릭은 '경영의 본질'에서 6가지 원칙을 제시합니다. 결과 중심, 전체에 대한 기여, 소수의 일에 집중, 강점 활용, 신뢰, 긍정적 사고입니다. 프레드문트 말릭이 유럽을 대표하는 경영학 석학이라고 그의 원칙을 그대로 따를 필요는 없습니다. 다만 이론에 경험을 더해서 자신만의 원칙을 세워야 합니다. 한번 세운 원칙이 불변하는 건 아닙니다. 내가 세운 원칙이 시간이 지나면서 더해지거나 보완될 수 있습니다. 그래야만 합니다. 물론 어느 순간 이유 없이 전부 바꾼다면 그건 처음부터 원칙이 아니었던 겁니다. 연차가 쌓인다는 말은 월급이 오른다는 즐거운 일에 더해서 자신만의 원칙이 견고해진다는 뜻입니다.

혹시 모를 원칙에 대한 오해가 있을 것 같아서 보충해서 설명하면, 원칙과 고집은 다릅니다. 내 원칙이 있되 완전하지 않다는 것을 인정하고 상황과 사람, 과제에 맞춰서 유연하게 사용하는 게 원칙입니다. 고집은 나만 옳다는 잘못된 태도입니다. 물론 원칙과 고집의 경계를 분명하게 그을 수는 없습니다. 경계는 경험으로 알게 됩니다. 원칙으로 대응했다고 생각했는데 지나고 보니 고집을 부린 것을 알게 됩니다. 리더는 실수 없는 완전한 사람이 아닙니다. 실수를 인정하고 실수에서 배우는 사람입니다.

그러면 어떻게 원칙을 세울 수 있을까요? 방법은 이미 알고 있습니다. 기관의 미션비전을 수립하던 일을 떠올려 보세요. 방법은 다양하지만 충분한 시간을 썼습니다. 다시는 미션비전을 수립하고 싶지 않을 정도로요. 공부하고 대화하고 의견을 모으고 키워드를 정하고 글로 만들고요. 원칙은 어느 날 갑자기 떠오르는 영감이 아닙니다. 원칙을 생각하며 충분한 시간을 써야 합니다. 혼자서 공부하는 시간을 가져야 하고, 다른 사람을 만나서 생각을 넓혀야 합니다. 닮고 싶은 리더에게 배우는 방법도 있습니다. 방법이 무엇이든지 원칙을 세우기 위한 시간을 써야 합니다.

중요한 것일수록 어렵고 시간이 듭니다. 그동안 쉽게 세웠다면 원칙이 아닌지도 모릅니다. 아니면 작은 바람에도 쓰러질 작은 팻말 하나를 세웠던 건 아닐까요? 원칙은 깊게 뿌리를 내리는 일입니다. 당장에는 보이지 않지만 결국 성과는 뿌리에서 나옵니다. 그러니 남들이 꽃피운다고 나도 따라서 꽃피우려 애쓰지 마세요. 꽃은 때가 되면 핍니다. 지금은 원칙의 뿌리를 깊게 내릴 때입니다. 원칙이 분명한 리더가 뿌리 깊은 나무가 됩니다.

리더십을 무너트리는 조급함

리더는 알고, 결정하고, 움직입니다. 하지만 리더십이 만능은 아닙니다. 리더십과 조직관리라는 두 날개가 함께 펼쳐져야 비로소 날 수 있습니다. 이제는 전형적인 리더십이란 없습니다. 각자에게 맞는 리더십의 옷을 찾아 입어야 합니다. 그러기 위해선 자신에게 시선을 돌리고, 변화의 구심점이 되는 '원칙'에 집중해야 합니다.

그렇다면 이제 남은 것은 무엇일까요? 너무나 자명해서 종종 잊고 사는 것이 있습니다. 마치 공기처럼 당연하게 여겨지는 것, 바로 시간입니다. 리더에게 가장 중요한 자원은 시간입니다. 아이들과 씨앗을 심으면, 그날부터 새싹이 나오길 기다립니다. 다음 날 아침, 어김없이 화분 앞으로 달려갑니다. 마음은 이해가 되나 그렇다고 새싹이 나오지는 않습니다. 리더도 아이와 같은 행동을 할 때가 있습니다. 씨앗을 심고 매일 결과를 기대하는 어린아이처럼 말이죠. 시간을 고려하지 않은 리더의 전형적인 실수입니다.

리더십 책을 읽는다고 곧바로 리더십이 생기지 않습니다. 원칙의 중요성을 안다고 해도 원칙이 당장 세워지지 않습니다. 팀원을 잘 가르쳤다고 바로 변화가 일어나는 것도 아닙니다. 모든 일에는 때가 있고 시간이 걸립니다. 그래서 시간을 견디는 훈련이 필요합니다. '견딘다'는 말이 무겁게 느껴진다면 '관리한다'고 해도 좋습니다. 리더에게 시간관리는 선택이 아니라 기본 태도이자 기술입니다.

먼저 인정해야 할 것이 하나 있습니다. 내가 생각한 시간보다 훨씬 더 많은 시간이 필요하다는 사실입니다. 어제 씨앗을 심고 오늘 새싹을 바라는 아이처럼 사람은 일을 하면 조급한 경향이 있습니다. 빨리빨리 사회 분위기와 조직문화의 영향도 큽니다. 그래서 일을 시작하면 어느새 마음이 앞섭니다. 그런데 문제는 주변 사람들은 내 속도만큼 움직이지 않는다는 점입니다. 아이가 지각할까 봐 마음이 급해진 부모처럼, 팀원에게도 조급한 마음이 생깁니다. 하지만 아이는 여유롭고, 팀원도 마찬가지입니다. 일의 속도와 결과는 언제나 기대에 미치지 못합니다.

이런 상황에서 필요한 건 명확한 마감 시간 설정입니다. 저는 세 가지 기준을 추천합니다. 첫째, 이상적인 마감시간입니다. 내가 생각하는 최상의 시간입니다. 둘째, 타협 가능한 시간입니다. 이상적인 시간에 20% 여유를 더한 시간입니다. 셋째, 마지막 시간입니다. 더는 미룰 수 없는 최종 시간입니다. 이상적인 시간 안에 일이 끝나면 칭찬으로 보상하세요. 타협 가능한 시간 안에는 늦었음을 분명히 하되, 격려도 잊지 마세요. 마지막 시간을 넘기면 원칙에 따라 패널티를 적용해야 합니다. 이 세 가지 시간은 단순한 일정관리 수단이 아닙니다. 리더의 조급함을 줄이기 위한 장치입니다.

리더는 팀원에게는 자상하면서도, 정작 자신에게는 유난히 엄격합니다. 하지만 팀원이 자라는 데 시간이 필요하듯, 리더 자신도 시간 속에서 자랍니다. 이번에 처음 팀장이 되었는데, 팀원 모두가 믿고 따르며 상사가 만족할 리더십을 발휘하기란 쉽지 않습니다. 그건 너무 이른 기대입니다. 조금은 자신에게 관대해져야 합니다. 10년이 지났는데도 리더십에 변화가 없다면 문제입니다. 하지만 지금은 아닙니다. 지금은 배우고, 나만의 리더십을 만들어갈 경험의 시간입니다. 리더십은 시간을 먹고 자랍니다. 경험이 실력입니다.

리더의 숙명, 외로움

모든 인간은 외롭습니다. 인간은 홀로 태어나고 홀로 죽는 존재입니다. 같이 밥을 먹을 수는 있어도 누군가 나를 대신해서 먹어주지는 못합니다. 엄마의 모유마저도 소화는 내 몫입니다. 외롭기 때문에 사람은 끊임없이 누군가를 찾습니다. 가족과 함께 있고 친구를 만납니다. 가족을 떠나서는 사랑하는 사람을 만나서 다시 가족을 이룹니다. 꼭 사람으로만 외로움에 맞서는 건 아닙니다. 물건을 채워서 외로움의 빈 공간을 채웁니다. 게임, 야구, 술로 외로움을 잊으려 합니다. 그렇다고 외로움이 사라지는 건 아닙니다. 잠시 잊혀지거나 더 큰 외로움으로 키워질 뿐입니다.

사람은 외로운 존재인데 특별히 더 외로운 위치에 있는 사람이 있습니다. 등대지기가 그렇습니다. 혼자서 등대를 살피고 혼자서 등대를 지킵니다. 교대를 하기 전까지는 혼자입니다.

그렇게 외로움에 직면해야 하는 직업군이 있습니다. 그런데 직업의 예외 없이 외로움을 직면하는 자리가 있습니다. 리더입니다. 리더를 생각하면 회의를 주재하고 보고를 받고 지시하면서 언제나 사람 곁에 있는 모습만 보입니다. 출근해서 퇴근할 때까지 혼자 있는 시간이 없고 외로울 시간이 없는 것처럼 보입니다.

군중 속의 고독이란 말이 있습니다. 사람이 아무리 많아도 내 사람이 없다면 아무도 없는 것과 같습니다. 조직에 아무리 많은 사람이 있고 웃고 떠들고 입이 아프도록 대화를 나눠도 내 사람이 없다면 군중 속의 고독입니다. 리더는 결정하는 자리입니다. 물론 수평적 조직 문화로 다양한 의견을 모아서 함께 의사결정을 합니다. 그래도 최종적인 결정과 책임은 리더의 몫입니다. 누구도 대신하지 못하고 누구에게도 위임할 수 없는 결정의 순간이 있습니다. 외로움입니다.

리더의 외로움에는 특별함이 있습니다. 외로움을 나눌 사람이 상대적으로 적다는 점입니다. 조직원들도 외롭지만 커피를 마시며 뒷담화로 풀어낼 동료가 있습니다. 저녁 퇴근 후 치맥으로 외로움의 빈 공간을 채웁니다. 리더는 그럴 기회가 부족합니다. 직위가 올라갈수록 속 편하게 말할 수 있는 사람의 수는 반비례합니다. 갈수록 외로움이 깊어져서 더 깊은 대화가 필요한데도 말입니다. 물론 리더가 견뎌야 하는 외로움이란 숙명이 있습니다. 그러나 견디는 것만으로는 한계가 있습니다. 건강하게 풀어내고 채우는 리더만의 방법을 찾아야 합니다.

최근에 복지관 부장님들과 모임을 가진 일이 있습니다. 누군가 한마디를 하면 비슷한 상황의 말들이 쏟아집니다. 누가 먼저라고 할 것도 없이 말입니다. 친구도, 가족도 모르는 같은 일을 겪는 사람들과만 나눌 수 있는 이야기가 있습니다. 결국 대화만한 게 없지만 기관 내에서는 어렵습니다. 밖에서라도 찾으면 좋겠습니다. 물론 조건은 있습니다. 무엇이든 말할 수 있고, 말한 내용이 퍼지지 않는다는 신뢰가 있어야 합니다. 이런 조건을 갖춘 사람이나 모임이 없다면 위험합니다. 결국 혼자서 삭이고 견디고 외로운 결정을 이어가야 하는데 한계가 있습니다. 구멍 뚫린 제방처럼 조금씩 무너집니다.

외로움은 리더의 숙명이라고 했습니다. 그렇다고 아무 것도 하지 말라는 뜻은 아닙니다. 숙명을 받아들이면서 내가 할 수 있는 일은 해야 합니다. 외로움을 피하지 말고 대면해서 결정을 해야 합니다. 그러나 그것만으로는 안 됩니다. 자신을 너무 과대평가하면 곤란합니다. 더 늦기 전에 눈을 돌려 외로운 숙명을 대면하고 있는 똑같은 처지의 리더를 찾으십시오. 그러면 알게 됩니다. 나는 홀로 외로운 사람이 아니라 외로운 사람들 중의 한 명인 것을요.

리더의 책임은 어디까지

리더는 조직을 이끄는 사람입니다. 간단한 정의입니다. 비영리조직의 리더는 여기에 더해지는 게 많습니다. 우선 따뜻한 선배의 역할을 더합니다. 학교 정많은 선배님처럼 모든 것을 가르쳐 주려고 합니다. 모르는 것을 가르쳐 주는 건 당연하고 꼭 필요한 일입니다. 문제는 과하다는 사실입니다. 조직은 배움의 공동체가 아닙니다. 그건 학교의 몫입니다. 조직은 일하는 곳입니다. 그나마 가르쳐 주는 정도에서 멈추면 다행입니다. 조직원을 바르고 건강하며 일도 잘하는 사람으로 성장시키려 합니다. 학교를 넘어서 가정의 역할까지 떠맡는 격입니다.

물론 조직원을 배려하고 성장을 돕는 건 박수받을 일입니다.

이렇게 각박한 세상에서 혼자서 살아남기도 힘든데 조직원의 성장까지 힘써주니 말입니다. 그러나 뭐든지 과하면 문제가 됩니다. 성장을 곁에서 돕는 정도가 아니라 리더의 의무로 생각하면 과해지는 겁니다. 심지어 조직원이 성장 못하는 책임까지 자신이 떠안고 괴로워한다면 심각한 단계에 들어선 겁니다. 괴로운 원인도 자세히 살펴야 합니다. 진짜 조직원이 성장 못한 게 안타까운건지? 아니면 안 그래도 울고 싶었는데 조직원을 핑계로 아파하는건 아닌지 말입니다. 조직원이 성장 못한 안타까움에 자신의 역량 부족을 투영해서 문제를 복잡하게 만드는 건 아닌지 생각해 봐야 합니다.

심지어 팀원의 이직 상담까지 해주는 리더도 있습니다. 직장인이 더 대우가 좋고 역량에 맞는 곳으로 옮긴다는 건 누구에게나 허용된 자유입니다. 본인이 떠난다면 막을 수가 없습니다. 그러나 떠나기 전에 리더와 무엇이 맞는지 의논하는 건 생각해 볼 과제입니다. 팀장을 신뢰해서 미리 의논을 했을 겁니다. 팀장은 팀원의 미래를 진심으로 걱정해서 이야기를 나눴을 겁니다. 물론 사직 전에 리더에게 말을 해서 조직도 준비할 시간을 주는 건 당연히 필요한 일입니다. 근로계약에도 명시된 사항입니다. 그래서 딱 그만큼만 하면 좋겠습니다.

리더로서 바른 판단을 할 수 있는 정보를 줄 수는 있습니다. 그러나 미래 설계와 인생 상담까지는 과합니다. 그건 조직원의 선배와 친구에게 맡기면 됩니다. 리더의 역할도 벅찬데 가족, 선배, 친구의 몫까지 하려고하니 그나마 얼마 없던 힘마저도 사라집니다. 리더는 경계를 잘 지어야 합니다. 어디까지가 우리 팀의 과제고, 지금 할 일과 나중에 할 일의 경계를 분명하게 해야합니다. 그렇게 팀과 팀원의 경계에 집중하다가 놓치는 게 자신의 역할 경계입니다.

어디까지가 리더의 역할일까요? 어디까지 들어줘야 할까요? 어디까지 허용해야할까요? 어디까지 기다려야할까요? 어디까지 말해줘야 할까요? 어디까지 통제해야 할까요? 어디까지 맡겨야 할까요? 어디까지 권한을 줘야할까요? 결국 리더십은 어디까지에 대답하는 일인지도 모릅니다. 어디까지.

그래도 리더입니다

누구나 부모가 처음입니다. 처음부터 잘하는 부모가 없다는 뜻입니다. 부모도 실수합니다. 아니 실수투성이란 말이 더 정확합니다. 아이일 때는 모르지만 나이가 들면 알게 됩니다. 부모님도 나약한 한 인간이었습니다. 어린 내 눈에는 보이지 않았을 뿐입니다. 그렇게 부모님의 나약함을 알게 돼도 변하지 않는 사실이 하나 있습니다. 누가 뭐래도 내 부모입니다. 돈 걱정 없이 유학을 보내주지 않으면 부모가 아닐까요? 나약하고 병들면 부모가 아닐까요? 부족해도 넉넉해도 나약해도 강인해도 부모는 부모입니다. 부족하다고 부모의 역할을 포기하지 않습니다. 마음다해서 해야할 일을 감당합니다. 감당할 능력이 있건 없건 말입니다.

리더도 부모와 같습니다. 자의건 타의건 리더가 되었습니다. 지금 내가 리더라는 사실이 중요합니다. 부족해도 리더입니다. 걱정이 많아도 리더입니다. 어떤 때는 잘해서가 아니라 자리를 지키는 것만으로도 해야 할 일을 다한 것일 때가 있습니다. 여러분 자리에 누가 온들 더 잘할 수 있을까요? 어떤 리더십 전문가라도 예외는 아닙니다. 설사 더 잘할 수 있는 사람이 있다고 칩시다. 그래도 지금 이 자리에 있는 사람은 여러분입니다. 지금 여러분을 대신할 사람은 없습니다. 잠깐의 양육을 대신할 사람은 있어도 부모의 역할을 온전히 맡아줄 다른 사람은 없는 것처럼요.

앞으로 함께 나눌 리더십 이야기에 주눅이 들지 않으면 좋겠습니다. 이 책의 내용만이 아니라 다른 교육과 전문가들의 조언에도 말입니다. 내게 필요한 것을 선택해서 적용하면 됩니다. 모든 것을 다 갖추고 리더십을 발휘하는 게 아닙니다. 지금 내 상황에서 어제보다 조금 더 낫기를 바라는 마음으로 애쓸 따름입니다. 누가 뭐래도 여러분은 리더입니다.

2장

―――――

알고

조직과 팀원 사이의 외줄타기

위치가 중요합니다. 어디 서 있느냐가 내가 누구인지를 말해 줍니다. 말보다 내가 선 위치가 더 많은 메시지를 전달합니다. 내가 보수당에 있으면서 아무리 진보 의제를 말해도 잘 전달되지 않는 이유입니다. 내가 선 위치가 이미 메시지가 되기 때문이라서 그렇습니다.

리더도 위치가 중요합니다. 중간 리더는 최고 관리자와 직원 사이에 있습니다. 최고 관리자 편에 서서 아무리 직원을 배려하는 말을 해도 잘 먹히지 않습니다. 반대로 직원들 편에 서서 조직을 말해도 최고 관리자에게 잘 전달되지 않습니다. 결국 중간 관리자의 리더십은 어디에 위치하느냐로 결정된다고 해도 과언이 아닙니다. 그러면 중간 리더는 어디에 서야 할까요?

우선 절대적 균형은 없다는 사실을 알아야 합니다. 최고 관리자와 직원 사이의 한가운데는 없다는 뜻입니다. 50:50은 없습니다. 49.9:50.1이라도 어느 한쪽에 서야 합니다. 물론 한번 결정한 위치가 영원한 건 아닙니다. 시기와 사안별로 달라집니다. 중요한 건 절대 균형은 없고 때에 맞춰서 위치를 잘 잡아야 한다는 겁니다.

절대 균형이 없다는 말을 이해했으면 다음으로 양극단을 피해야 합니다. 보수와 진보가 문제가 아니라 양 끝의 극단적 이념이 문제입니다. 최고 관리자에 거의 밀착해서 서 있으면 직원과의 거리가 너무 멉니다. 그런 리더를 직원들은 앞잡이라고 부릅니다. 불합리한 최고관리자 보다 더 밉습니다. 모든 시선이 오로지 최고 관리자만을 향합니다. 직원들이야 힘들건 말건, 일이 되건 말건 최고 관리자의 존엄한 뜻만 생각합니다.

반대로 실무자와 완전히 밀착된 리더가 있습니다. 그런 리더를 언니, 오빠라고 부릅니다. 마음을 나누는 좋은 선배는 되지만 조직의 리더는 아닙니다. 조직은 월급을 받고 일하는 곳입니다. 학교나 동아리, 동호회, 종교 모임이 아닙니다. 가족은 더욱이 아니고요. 가족 같은 분위기의 소통은 권장하지만, 가족이 되어서는 곤란합니다. 때로는 이해할 수 없는 과업이라도 조직은 해내야 하는 때가 있습니다. 팀이 가족이 되면 이런 상황을 받아들이지 못합니다. 가족에게 불만을 쏟아내는 아이들처럼 팀원의 원성만 가득합니다.

먼저 돌아보고 점검합시다. 50:50의 이상적인 리더가 되려고 너무 힘을 뺀 건 아닌가요? 조직을 생각한다고 말하면서 앞잡이가 된 건 아닌가요? 팀원의 마음을 헤아린다면서 선배가 된 건 아닌가요? 여기에 MBTI를 무리하게 대입하지 않았으면 좋겠습니다. 물론 기질과 성격을 무시할 수는 없지만 언제까지 자신의 리더십을 T와 F로 나누고 핑계를 대려고 합니까? 팀원을 자기 집에서 밥을 먹인다고 좋은 팀장이 되고, 팀 성과가 좋다고 일 잘하는 팀장이 된다면 얼마나 좋을까요?

하나의 이론으로 설명할 수 없는 복잡한 세상이 된 것처럼 한 가지 리더십으로 팀을 이끌 수 없습니다. 열 길 물속은 알아도 한 길 사람 속은 모른다고 하지 않습니까? 그런 한 사람을 이끄는 것도 어려운 일인데 팀을, 그것도 최고 관리자와 직원 사이에서 양쪽의 뜻을 반영하면서 이끄는 일은 묘기에 가깝습니다. 외줄을 타는 서커스입니다. 그래서 여러분의 어깨가 그렇게 무겁고 숨 한번 편하게 쉴 날이 없었던 겁니다.

처음부터 잘할 수가 없는 일입니다. 잘했으면 박수받을 일이지만 못했다고 비난받을 일이 아닙니다. 그러니 자신의 용량을 초과한 무거운 짐을 잠시 내려놓고, 방향을 모르고 무조건 질주하던 달리기를 멈추고 위치를 잡아봅시다. 정교한 내비

게이션이 있어도 내 위치를 모르면 소용이 없으니까요. 그럼 함께 위치를 잡아 볼까요?

리더십은 위치 선정부터

내비게이션으로 내 위치를 정확히 파악하려면 하나의 인공위성으로는 부족합니다. 하나 이상의 인공위성이 있어야 정확한 위치가 나옵니다. 여러분의 위치도 마찬가지입니다. 여러분의 판단만으로는 안 됩니다. 아무리 열린 마음으로 자신을 돌아봐도 사람은 자기중심적으로 생각합니다. 편견을 피할 수 없습니다. 세상에서 제일 무섭고 피해야 하는 사람이 자신은 편견이 없다고 말하는 사람입니다. 모든 사람은 편견이 있습니다. 다른 사람의 시선으로 봐야 합니다. 내부에는 최고관리자와 직원이 있습니다. 여러분이 지금 어디에 서 있냐고 물어보십시오. 지금 내가 어디에 서 있고 지금은 어디에 서 있어야 하는 때인지를 물어보세요.

다음으로 외부에 있는 사람의 시선이 필요합니다. 리더십과 조직 전문가의 컨설팅이 아니어도 됩니다. 비슷한 환경의 다른 기관 리더를 만나서 물어보세요. 지금 나의 위치가 우리 기관만의 특별한 사례인지 아니면 외부환경에 따른 보편적 위치인지를 확인해야 합니다. 이렇게 내·외부의 정보를 모으고 분석해야 제대로 된 위치 파악이 됩니다. 그래야 위로 갈지 아래로 갈지 멈출지 달릴지 알 수 있습니다.

자신의 위치를 알았다면 움직여야 합니다. 한번 잡은 위치가 영원하지 않습니다. 시기와 사안이 달라지면 위치도 달라져야 합니다. 한번 잡은 위치를 고집하고 이동이 없는 게 최악입니다. 기관이 외부평가를 받는 시기라면 평소보다 조금 더 조직 편에 서야 합니다. 팀원이 중요하지 않다는 말이 아닙니다. 그런 시기라서 그렇습니다. 움직이기 위해서는 바른 시선과 목표가 있어야 합니다. 지금은 조직의 편에 서야 하는지? 직원의 편에 서야 하는지? 볼 수 있는 눈이 있어야 합니다.

질문하고 생각하고 판단하고, 다시 질문하고 생각하고 판단하기를 반복해야 합니다. 답도 없이 언제까지 반복만 하냐는 불만이 생길 수 있습니다. 그래도 반복해야 합니다. 그게 리더의 숙명입니다. 진짜 문제는 답을 모를 때가 아니라 질문을 멈출 때부터 생깁니다. 질문을 하면 최소한 최악은 피할 수 있습니다. 어떤 때는 최악을 피하는 것이 최선일 때가 있습니다. 시간이 해결해 주는 과제가 있기 때문입니다. 최악은 피하면서 시간이라도 벌어야 합니다.

리더는 선택하는 사람입니다. 더 정확하게 말하면 홀로 외롭게 선택해야 하는 시점과 팀원의 의견을 들어야 할 때를 아는 사람입니다. 리더는 때로는 외롭게 결정을 내리고 책임을 져야 하는 때가 있습니다. 그럴 때에 팀원에게 선택권을 주는 것은 민주적인 리더십이 아닙니다. 책임을 전가하는 행동일 뿐입니다. 반대로 팀원의 의견을 듣고 뜻을 모아야 하는 때가 있습니다. 그럴 때 결정하는 리더는 책임감이 있는 게 아니라 독재자와 다르지 않습니다.

요약하면 리더는 책임을 지고 선택해야 하는 때와 팀원의 의견을 들어야 하는 때를 구분할 수 있어야 합니다. 여러분은 어떤 리더인가요? 처음부터 이런 판단을 정확하게 내리는 리더는 없습니다. 리더십은 결코 교육으로 완성되지 않습니다. 수영을 실습 없이 배울 수 없는 것처럼 리더십은 반드시 경험으로 학습됩니다. 내가 결정할 때인가? 팀원의 의견을 존중할 때인가? 질문을 놓치지 않으면서 경험해야 합니다. 분명 시행착오가 있을 것입니다. 그러나 질문을 놓치지 않고 경험하면 여러분도 모르는 사이에 그럴 때를 구별할 수 있는 판단력이 생깁니다. 이론으로 배울 수 없는 여러분의 경험에서 나오는 실천적 리더십입니다.

그때를 알고 실천했다고 끝난 게 아닙니다. 이제부터는 밀어붙이는 힘과 설득하는 힘이 필요합니다. 목표를 향해 한발씩 내딛는 사람이 리더입니다. 모든 조직과 과업에는 장애물이 있습니다. 오르막이 없는 산이 없듯이 말입니다. 결정했으면 밀어붙이는 힘이 있어야 합니다. 변화에 맞춘 유연한 대응은 필요하지만 리더의 방향성이 너무 빨리 바뀌면 조직이 혼란스럽습니다. 아침에는 동쪽으로 가자더니 오후에는 서쪽이라고 말하면 팀원은 혼란스럽다 못해 실행을 포기하게 됩니다. 열심히 해봐야 목표가 바뀔 것을 여러 번 경험했기 때문입니다. 그래서 목표를 정했으면 전진해야 합니다. 목표지점에서 평가하고 다시 목표를 수립해도 늦지 않습니다. 아니 그렇게 해야 팀원이 일의 시작부터 마무리까지를 경험하면서 일하는 법을 배우게 됩니다. 팀워크는 성공이건 실패이건 처음부터 끝까지를 함께 경험하면서 생깁니다.

마지막으로 리더가 가장 많은 힘을 써야 하는 일이 남았습니다. 설득입니다. 조직과 팀원 사이에서 줄타기하는 게 리더의 숙명이라고 했습니다. 팀장이 조직에 가까이 서면 팀원이 서운합니다. 반대로 팀원에 가까이 서면 최고 관리자는 답답합니다. 결국 리더는 최고 관리자와 팀원 모두에게 아쉬운 사람이 됩니다. 그래서 설득에 힘을 써야 합니다. 설득은 단순히 소통능력이 아닙니다. 다양성의 사회에서 설득력은 필수적인 능력입니다. 고객에게 물건을 파는 시대에서 고객을 설득하는 시대가 되었습니다.

지금 팀원을 대변하는 이유를 최고 관리자에게 지속해서 설득해야 합니다. 조직의 뜻을 대변하는 이유를 팀원에게 충분히 설득해야 합니다. 설명이 아닌 설득이란 단어에 주목해야 합니다. 설명은 내 중심이고 설득은 다른 사람을 생각합니다. 내 생각을 다른 사람에게 단순히 전하란 말이 아닙니다. 모든 수단과 방법을 강구해서 상대가 그나마 이해하고 동의하도록 하란 말입니다. 그게 설득입니다.

장사는 입지가 중요합니다. 똑같은 평수라도 입지에 따라서 임대료가 크게 달라집니다. 리더도 위치가 중요합니다. 최고 관리자도 예외는 아닙니다. 조직의 목적과 조직원 사이에서 균형을 잘 잡아야 합니다. 하물며 이미 중간에 서 있는 리더의 숙명적 위치는 아슬아슬하게 보입니다. 위치 선정의 중요성을 알고 감각을 익혀야 합니다. 물론 감각은 한두 번의 시도로 완성되지는 않습니다. 반복과 시행착오의 시간이 필요합니다. 시간을 견디며 포기하지 않는 게 중요합니다. 그런 리더에게는 잠깐의 혼란은 있어도 완전한 실패는 없습니다. 오히려 잠깐의 혼란을 피한 리더가 평온해 보이지만 한순간에 무너지는 법입니다. 먼저 위치를 점검하십시오. 그래야 이끌 수 있습니다.

자신부터 리드하기

리더는 이끄는 사람입니다. 이끄는 방법에는 차이가 있습니다. 앞에서 본을 보여주거나 함께 걷거나 뒤에서 밀어주거나 처한 위치와 상황에 따라 다릅니다. 방법은 다르지만 결국 이끌어야 합니다. 리더의 시선이 항상 다른 사람을 향하는 이유입니다. 여기서 중요한 한 사람을 놓치게 됩니다. 바로 자신입니다.

다른 사람을 리드하기 위해서는 먼저 자신을 리드해야 합니다. 자신을 리드하지 못하는 사람이 다른 사람을 리드하면 억지를 부리게 됩니다. 무엇보다 상대에게 전달이 되지 않습니다. 확신이 없는 제품을 파는 영업 사원은 곤혹스럽습니다. 물론 표정을 감추고 최선을 다해 홍보를 하지만 고객은 바로 압니다. 고객은 이유를 딱 끄집어내지는 못해도 영업 사원의 표정과 몸짓으로 확신이 없는 것을 알아차립니다. 제품을 살 리가 없습니다.

비영리조직 리더의 가장 큰 과제입니다. 자신을 리드하지 못 하면서 조직원을 리드해야 하고, 촉박한 시간에 과업만 늘어 갑니다. 갈수록 어깨의 짐만 무거워집니다. 최고 관리자와 직 원 사이에 끼어서 힘겨운 것은 그래도 견디면 됩니다. 하지만 자신을 리드하지 못해서 생기는 불확신과 혼란은 견뎌서 될 일이 아닙니다. 첫 단추를 잘 끼워야 합니다. 시작은 조직, 팀 원이 아닙니다. 내 자신입니다.

조직의 성과를 어떻게 달성할 것인가? 조직원을 어떻게 이 끌 것인가? 중요한 질문입니다. 그러나 먼저 답해야 하는 근 본 질문이 있습니다. 나는 무엇을 이룰 것인가? 내 자신을 어 떻게 이끌 것인가? 리더십에서 갑자기 인문학 과제로 바뀐 게 아닙니다. 질문은 똑같습니다. 주어만 달라졌습니다. 조직과 직원의 자리에 '나'를 주어로 넣어서 답을 하면 다른 시선이 생깁니다. 함께 생각해 봅시다.

나는 무엇을 이룰 것인가? 현실과 이상에는 차이가 있습니다. 이상을 하늘이라고 생각하면 이상이 높을수록 도달하기 위해 서는 많은 에너지를 써야 합니다. 연료도 없으면서 높은 하늘을 생각하는 건 공상입니다. 공상을 이루기 위한 다짐은 의지도, 열심도 아닙니다. 헛된 에너지 소비일 뿐입니다. 적정 목표를 세우기 위해서는 현실을 정확하게 분석해야 합니다. 철저한 현실인식에서 참된 긍정이 나옵니다. 하루 겨우 버틸 체력으로 한 달짜리 프로젝트를 준비하는 건 아닌지 점검해 봐야 합니다. 지자체와 법인의 특성, 최고 관리자의 성향, 조직원의 역량, 내가 가진 자원과 힘을 철저하게 분석해 봅시다. 그래야 현실적인 적정 목표, 나는 무엇을 이룰 것인지? 무엇을 이룰 수 있는지? 알게 됩니다.

나는 내 자신을 어떻게 이끌 것인가? 아는 것과 실천은 똑같은 말입니다. 알아야 실천하고 실천해야 아는 겁니다. 다만 아는 것과 실천에는 시간 차이가 있습니다. 지금 알았다고 바로 실천으로 완성되지는 않습니다. 내가 무엇을 이룰지 알았다고 해도 바로 이뤄지지는 않습니다. 아는 것을 실천으로 연결하는 방법을 생각해야 합니다. 조직관리에서는 전략이라고 부릅니다. 전략에는 끝이 없습니다. 적을 만나서 죽도록 싸우는 것도 전략이고 피하는 것도 전략입니다. 한 번 생각하는 것보다 두 번 생각하는 것, 하루 생각하는 것보다 일주일 생각할 때 더 정교한 전략이 나옵니다. 자신을 어떻게 이끌 것인지에 대한 전략이 없는 이유는 그동안 자신을 생각하지 못했기 때문입니다. 전략이 나올 리 없습니다. 임시방편으로 근근이 버티는 수준을 벗어나지 못합니다.

리더는 무엇을 어떻게 이룰지를 고심하고 결정하는 사람입니다. 고심까지는 흔들려도 결정했다면 밀고 나가야 합니다. 부모의 양육에 일관성이 없으면 자녀는 혼란스럽습니다. 똑같은 행동에 어떤 때는 칭찬을 하고 어떤 때는 혼이 난다면 아이는 어떨까요? 리더의 확신에서 나오는 일관성이 중요합니다. 확신이 있어야 한 방향으로 이끌 수 있습니다. 왜 흔들리냐면 자신부터 확신이 없기 때문입니다. 확신은 완전한 답을 말하지 않습니다. 조직에서 완전한 답을 찾는 건 오히려 위험한 일인지도 모릅니다. 기관은 진리를 찾는 조직이 아니라 제한된 자원과 다양한 이해관계 속에서 최선을, 최선이 안 되면 차선을 선택하는 곳입니다.

조직과 직원을 위해 고심하는 리더에게 제안합니다. 자리만 차지한 리더에게 할 말은 없습니다. 어차피 듣지도 않을 테지만요. 잠시만이라도 자신을 위한 시간을 가져야 합니다. 이타적인 여러분은 조금 이기적이어도 됩니다. 왜냐하면 여러분은 초인이 아니기 때문입니다. 모두가 이순신이 될 수는 없습니다. 우리는 불굴의 의지는커녕 몸이 조금만 아파도 좋은 말이 나가지 않는 사람들입니다. 절제를 나쁜 일에만 사용합니다. 좋은 일도 절제해야 합니다. 사람이 가진 체력, 의지도 한도가 있습니다. 한도를 넘으면 방법이 없습니다. 누가 봐도 한계를 넘어섰는데 본인만 모르고 억지를 부립니다. 본인은 뛰어간다고 생각하지만 누가봐도 엉금엉금 기어가고 있습니다.

그건 조직을 위한 희생도, 직원을 위한 사랑도 아닙니다. 자신의 한계를 모르는 어리석은 행동입니다.

그동안 남모르게 애쓰셨습니다. 안식년을 가지면 좋겠지만 안 되면 안식월이라도 한번 가지시면 좋겠습니다. 월이 안 된다면 주말만이라도, 주말 반나절만이라도 자신을 위한 이기적인 시간을 가지면 좋겠습니다. 점심 식사 후 20분이라도 혼자만의 산책이라도 해야 합니다. 비행기 산소마스크 안내문에는 보호자가 먼저 착용하라고 쓰여 있습니다. 아이를 살리겠다고 부산하게 움직이다가 아이도 죽고 자신도 죽습니다. 나를 희생해서 아이를 살리겠다는 위대한 사랑이 아이를 죽이는 최악의 선택이 됩니다. 그건 사랑이 아니라 무지입니다. 내가 살아야 합니다. 내가 건강해야 합니다. 부부가 서로 사랑하고 부모가 자신의 삶을 즐겁게 사는 모습을 보여주는 것만 한 양육도 없습니다. 자신의 삶을 사는 부모, 자신을 리드하는 리더가 필요한 시대입니다.

의견을 모을 때와 결정할 때

의견을 모아야 하는 때에 혼자서 성급히 결정하는 리더가 있습니다. 조직의 독재자입니다. 힘들어도 책임지고 결정해야 하는 때에 의견을 모으는 리더가 있습니다. 책임을 회피하는 무능력한 리더입니다. 혼자서 결정하는 독단적 리더와 책임을 회피하는 리더 모두 조직을 와해시키는 주범입니다. 리더는 의견을 모으는 때와 결정할 때를 아는 사람입니다. 이게 말은 쉬운 데 실천이 참 어렵습니다. 때를 아는 것을 지혜라고 합니다. 그만큼 어렵다는 말입니다.

그렇다면 직원의 의견을 들을 때와 결정할 때를 어떻게 알 수 있을까요? 결론부터 말씀드리면 그럴 때는 절대적으로 존재하지 않습니다. 왜냐면 사람과 환경이 조직마다 다르기 때문입니다. 심지어 살아서 움직이고 있는데 어떻게 절대적인 때를 알 수 있겠습니까? 그건 신의 영역입니다. 아니면 때에 억지로 사람과 상황을 욱여넣게 됩니다. 결혼 시기를 남자 32살, 여자 33살로 못 박는 것과 같습니다. 말이 되지 않습니다. 마찬가지로 리더가 의견을 들을 때와 결정할 때를 일률적으로 정하지는 못합니다.

방법은 하나입니다. 스스로 경험하면서 아는 것입니다. 리더는 실패로 배우고 성장하는 사람입니다. '배우고'라는 단어가 중요합니다. 배우지 않는 실패는 실패일 뿐입니다. 실패는 성공의 어머니가 되지 못합니다. 아이는 넘어지면서 넘어지지 않는 법을 배우고 결국 자신의 힘으로 걷게 됩니다. 넘어지지 않고 걷는 아이는 없습니다. 그렇게 리더도 실패로 배워야 합니다. 실패를 무서워하지 말고 더 이상 배우지 않는 교만과 변화가 없는 익숙함을 두려워해야 합니다.

그래도 힌트가 필요하다면 위험을 감지하는 능력에 주목하면 좋겠습니다. 의견을 듣는 것은 아직 심각하게 위급할 때는 아니란 말입니다. 집에 불이 났는데 가족들과 탈출 방법을 회의하지 않습니다. 가장 경험이 많은 사람의 외침을 듣고 따라갑니다. 반대로 여유가 있는데 급하게 결정하지 않습니다. 연초에 내년도 사업을 급하게 결정하지 않습니다. 충분한 자료 조사와 의견 수렴, 기획 회의 시간을 가집니다. 위험도를 생각하면 때를 구분하는 힌트를 얻을 수 있습니다.

다른 힌트는 사람의 이기적인 본성에 있습니다. 사람이 이기적인 것만은 아니지만 이기적인 면을 부인하기 어렵습니다. 사람이 이타적이라면 법이 필요 없습니다. 사람의 이기적인 면은 자신도 모르게 자신에게 도움이 되는 방향으로 나타납니다. 버스 운전사 뒷자리가 덜 위험하다는 말은 사고의 데이터로 증명되었다기보다 운전사가 위기의 순간에 자신도 모르게 핸들을 자신과 반대 방향으로 튼다는 예측에서 비롯된 말입니다. 리더도 사람인지라 자신도 모르게 이기적으로 행동합니다. 그래서 쉬운 결정과 이익이 예상되는 결정은 자신이 하고 반대인 상황에는 의견을 듣는다는 미명하에 직원에게 책임을 미룹니다.

위험을 감지하는 능력과 사람의 이기적인 본성에서 힌트를 얻을 수는 있지만 어디까지나 힌트입니다. 수영을 잘할 수 있는 힌트를 얻어도 결국은 물 속에서 연습해야 합니다. 이제 남은 건 리더의 몫입니다. 리더 스스로 때를 분별하는 연습을 게을리하지 말아야 합니다. 답이 없다고 포기하지 말고 지금이 의견을 나눌 때인지 책임지고 결정할 때인지를 고민해야 합니다. 고민을 하건 안 하건 당장에는 큰 차이가 없습니다. 그러나 고민하는 경험과 고민 없는 경험은 시간이 갈수록 다른 목적지를 향합니다. 고민하는 경험의 종착지는 성숙이고, 고민 없는 경험의 종착지는 퇴보입니다. 성숙한 리더는 때를 고민하고, 퇴보하는 리더는 이기적으로 생각하고 위험을 회피할 생각만 합니다. 리더는 때를 고민하는 사람입니다.

잘하는 것을 더 잘하게

양으로 승부하는 시대가 지나고 있습니다. 양보다는 질입니다. 양의 시대는 못하는 것을 잘하게 만들려고 했습니다. 양을 늘리기 위해서요. 질의 시대는 잘하는 것을 더 잘하는 게 중요합니다. 조직은 성과를 만들어야 합니다. 아무리 실력 있는 사람들이 모여서 열심히 일을 하고 조직 문화가 좋아도 성과가 없다면 나쁜 조직입니다. 사람의 좋고 나쁨은 성격, 인간성, 관계력으로 가늠하지만 조직은 단 하나 성과로 말합니다. 물론 수단과 방법을 가리지 말고 성과를 만들어야 좋은 조직이란 말은 아닙니다. 사회에 위해를 끼치고 다른 조직을 파괴하는 건 당연히 안 되는 일입니다. 또한 실적이 곧 성과는 아닙니다. 성과의 바른 의미를 알아야 하지만 변하지 않는 사실은 성과의 중요성입니다.

조직관리, 리더십의 초점은 그래서 성과를 향해야 합니다. 직원에게 교육하고 훈련하는 조직관리는 수단이지 그 자체가 목적은 아니란 말입니다. 리더십도 리더를 훌륭하고 존경받는 사람으로 만드는 게 아닙니다. 그래서 다음의 질문을 놓치면 안 됩니다. 어떻게 하면 성과를 낼 것인가? 조직은 사람들로 구성되어 있습니다. 결국 이 질문은 사람은 언제 성과를 내느냐로 요약됩니다. 여러분 자신에게 질문을 던지면 좋겠습니다. 여러분은 언제 만족할 만한 성과를 얻었나요?

어렵게 생각하면 답이 나오지 않습니다. 쉽게 생각해 보죠. 성과를 얻으려면 내가 잘하는 일을 해야 합니다. 좋아하는 일, 원하는 일이 아닌 잘하는 일을 해야 합니다. 똑같은 자원을 투입해도 다른 사람과 비교해서 더 쉽게 잘하는 것을 강점이라고 합니다. 남들은 어렵게 하는데 나는 쉽게 해내는 일입니다. 결국 성과는 강점과 깊게 연결되어 있습니다. 한 가지 짚고 넘어갈 점은 여기서 말하는 성과는 아직 찾아내지 못한 잠재적 능력을 말하지 않는다는 사실입니다. 성과를 내는 장점은 지금 활용되고 있는 것입니다.

프레드문트 말릭은 '경영의 본질'에서 아직 개발되지 않아서 발휘할 수 없는 강점과 기존에 충분히 활용하고 있는 강점을 구별합니다. 조직은 강점을 개발하는 곳이 아닙니다. 그건 가정과 학교의 몫입니다. 조직은 성과를 얻기 위해 기존에 충분히 활용하고 있는 강점에 집중해야 합니다. 강점을 이렇게 생각하면 강점과 연결된 중요한 과제가 생깁니다. 강점을 업무와 연결하는 일입니다.

요즘 MBTI가 심하다 싶을 정도로 유행입니다. MBTI만이 아니라 나를 알고 강점을 찾는 여러 가지 도구가 있습니다. 조직에서 워크샵으로 조직원의 강점을 찾기도 합니다. 좋은 시도입니다. 그러나 잊지 말아야 합니다. 조직은 일하는 곳이지 개인의 강점을 찾아주는 인문학 교육기관이 아닙니다. 일과 연결되지 않은 강점은 조직에서 의미가 없습니다. 강점이 자동차라면 일은 연료입니다. 강점에 맞는 일을 해야 원하는 곳으로 이동할 수 있습니다. 강점에 맞는 자리에 사람을 배치하는 일이 조직의 역할입니다.

GE의 사장을 지낸 잭 웰치는 그의 책 '마지막 강의'에서 조직은 얼라이먼트와 리더십을 잘하면 성과를 창출한다고 말합니다. 오랜 기업 운영과 컨설팅 경험에서 나온 통찰입니다. 얼라이먼트는 가지런히 정렬하는 것을 말합니다. 적재적소에 사람을 잘 배치하는 게 조직의 얼라이먼트입니다. 결국 조직은 직원을 강점에 맞는 일에 배치해서 잘하도록 지원해 주면 된다는 말입니다. 시작은 강점에 맞는 배치입니다. 일에 사람을 맞추면 한계가 있습니다. 사람에 일을 맞춰야 합니다. 어떻게 일일이 그렇게 하냐고 반문할지도 모르겠습니다. 물론 한계는 있겠지만 최대한 노력해야 합니다. 가장 많은 시간과 에너지를 투입해야 하는 최우선 중점과제입니다.

사람을 배치하고 약점을 보완하는 방식도 가능하지만, 성과 측면에서 보면 한계가 명확합니다. 교육과 훈련, 코칭으로 약점을 보완할 수는 있습니다. 다만 평균 이하를 평균 수준으로 맞추는 보완입니다. 평균으로는 성과를 낼 수도 없고 고도로 전문화된 사회에서 경쟁이 안 됩니다. 겨우 실적을 달성할 뿐입니다. 또한 약점을 보완하는 방식의 치명적 문제는 사람이 좀처럼 변하지 않는다는 점입니다. 태어난 기질과 자란 환경이 축적된 결과가 강점과 약점입니다. 둘 다 쉽게 바뀌지 않습니다. 그래서 약점을 보완하는 방식보다는 똑같은 자원이라면 강점에 투입해야 합니다.

강점에 집중할 때의 장점은 스스로 동기부여가 된다는 점입니다. 자발성은 일을 추진하는 강력한 추진동력입니다. 내가 잘하는 일도 자발적이기 쉽지 않은 데 못하는 일을 자발적으로 할 리가 없습니다. 자발적인 사람은 조직관리 이론에서 말하는 도구들이 별로 필요 없습니다. 스스로 목표를 향해 움직이기 때문입니다. 자발적인 사람들이 모인 조직은 직원을 통제하기 위한 규칙으로 힘쓸 필요도 없습니다. 자발적인 사람들은 신뢰를 바탕으로 유연하게 일하고 비자발적인 사람들은 규칙을 기준으로 경직되게 일합니다.

잘하는 것을 더 잘하게! 조직의 구호처럼 리더가 새겨야 하는 문구입니다. 잘하는 사람도 못하는 것이 있고, 못하는 사람도 분명 잘하는 게 있습니다. 리더는 잘하는 것에 집중합니다. 조직원을 약점이 없는 사람 취급하며 집요하게 강점을 물고 늘어집니다. 성과는 이렇게 강점에 집중하는 사람, 집요하게 강점을 파고드는 사람의 결과물입니다. 혹시 지금 약점에 돈과 시간을 낭비하고 있지는 않으신가요? 약점이 문제가 아니라 약점에 집중하는 게 진짜 문제입니다. 전인권 노래에 '지나간 것은 지나간 대로'라는 노랫말이 있습니다. 전인권의 노랫말을 빌리면 약점은 약점대로 놔두고 새로운 의미, 강점에 집중해야 합니다. 성과는 강점의 밭에서 열매를 맺습니다.

신뢰는 리더십의 연료

심리학이 발달하고 MBTI와 같은 검사 도구가 많아져서인지 리더십도 개인의 성향과 스타일에서 찾는 경향이 있습니다. 리더십의 모델을 제시하는 이론과 교육 탓도 있습니다. 결론부터 말씀드리면 조직의 성과를 효과적으로 달성하는 특별한 리더십 스타일이란 없습니다. 어떤 리더가 될 것인가? 어떻게 리더십을 발휘할 것인가? 이런 질문 전에 놓치지 말아야 하는 리더십의 구심점이 있습니다. 스포츠 종목마다 필요한 기술은 달라도 체력이 기초가 되어야 하는 것과 같습니다. 리더십의 구심점에 신뢰가 있습니다. 리더십 스타일보다 리더십의 기본기인 신뢰를 점검해야 합니다.

신뢰가 있다면 조직의 다른 요소가 미흡해도 목표한 성과를 얻는 데 유리합니다. 모든 조직에는 장애물이 있고 실수 없는 리더가 없습니다. 성과를 이룬다는 말을 다르게 표현하면 이런 위기를 견디고 넘어선다는 뜻입니다. 리더를 신뢰하면 내 생각과 달라도 믿고 따르게 됩니다. 조직의 어려움을 함께 견디게 됩니다. 리더가 조직을 버리고 혼자 탈출하지 않으리라는 신뢰입니다. 리더가 어려움을 넘어서 성과를 달성할 것이라는 신뢰입니다. 신뢰는 눈에 보이지 않는 조직의 가장 큰 자산입니다. 그렇다면 어떻게 신뢰를 얻을 수 있을까요?

첫째, 실수를 인정하는 리더가 신뢰를 얻습니다. 모든 사람은 실수합니다. 리더도 사람입니다. 당연히 실수합니다. 실수를 어떻게 처리하느냐가 중요한 이유입니다. 리더가 실수를 인정하지 않고 실수를 숨기려 합니다. 실수를 숨기려니 조직의 명시적 규칙과 암묵적 규칙을 자신에게 유리하게 해석하게 됩니다. 심하면 규칙을 자신에게 유리하게 변경합니다. 정치권에서 많이 쓰는 내로남불이 됩니다. 신뢰는커녕 불신만 커지고 조직원은 언제든지 떠날 준비를 합니다. 실수를 처리하는 과정은 다음이고 먼저 실수를 인정해야 합니다. 힘든 운동으로 근육이 생기듯이 아프지만 실수를 인정할 때 신뢰의 근육이 자랍니다.

둘째, 직원의 말을 듣는 리더가 신뢰를 얻습니다. 신뢰가 중요한 이유는 사람은 믿는 사람을 따르기 때문입니다. 결국 따르는 사람이 있어야 리더입니다. 따르는 사람이 없는데 누구를 리드하겠습니까? 그렇다고 사람들이 따를만한 훌륭한 인품과 뛰어난 역량을 가져야 하는 건 아닙니다. 존경해서 우러러보는 것과 따르는 것은 다른 일입니다. 사람들은 자신에게 좋은 말을 해주는 사람을 존경은 해도 따라가지 않습니다. 사람은 자신의 말을 들어주는 사람을 따라갑니다. 아이에게 좋은 말을 많이 해주는 아빠보다 아이의 말을 들어주는 아빠가 되어야 합니다. 듣기만 하라는 말은 아닙니다. 듣다 보면 말할 기회가 생깁니다. 상대가 신뢰의 문을 열어줘야 리더의 말이 튕겨 나오지 않고 전달됩니다. 먼저 들어야 신뢰의 문이 열립니다.

셋째, 맡은 과제를 잘 해내는 리더가 신뢰를 얻습니다. 신뢰라고 하니 태도를 바로 하고 예의를 갖춰야 할 것 같습니다. 물론 태도는 역량에서 중요한 요소입니다. 그러나 그것만으로 리더가 신뢰를 얻기는 어렵습니다. 조직은 학교, 가정과 다르게 성과를 내야 하는 곳이기 때문입니다. 리더는 조직이 목표한 성과를 이루기 위해서 리드해야 합니다. 이를 위해서 먼저 리더가 실력이 있어야 합니다. 실력이 없어도 민주적이고 조직원을 잘 챙겨주면 직원은 그런 리더를 좋아합니다. 그러나 업무로 신뢰하기는 어렵습니다. 좋아하는 것과 신뢰는 다릅니다. 나보다 정보가 많고 업무를 효율적으로 처리하는 리더를 신뢰하는 법입니다. 리더의 실력만큼 신뢰의 크기가 좌우됩니다.

리더가 신뢰를 얻기 위해서는 실수를 인정하고, 조직원의 이야기에 귀 기울이고, 실력이 있어야 합니다. 그러나 이런 요소를 갖추기 전에 먼저 물어야 할 것이 있습니다. 나는 조직원을 얼마나 신뢰하는가? 신뢰한다는 대답이 아직 나오지 않는다면 아직 신뢰받는 리더가 아닐 수 있습니다. 신뢰는 일방통행이 아닌 양방향 도로이기 때문입니다. 신뢰라는 말에는 너무나 당연해서 '상호'가 생략되어 있습니다. 상호 신뢰가 정확한 표현입니다. 한쪽만 신뢰가 있는 건 한쪽 박수처럼 말이 되지 않습니다.

그렇다면 조직원에게 신뢰받는 효과적인 방법을 알게 됩니다. 리더가 먼저 조직원을 신뢰하는 겁니다. 신뢰할 만한 사람을 신뢰하는 건 누구나 할 수 있습니다. 오히려 그렇게 하지 않는 사람이 이상합니다. 신뢰하기 부족한 사람을 신뢰하기 어려운 때에 신뢰하는 게 진짜입니다. 어려운 일입니다. 어려운 일을 당할 때 진짜 친구가 가려지듯이 리더의 품격은 여기서 갈립니다. 품격 있는 리더가 조직의 상호 신뢰를 이뤄내고 그런 조직이 건강한 조직, 목표한 성과를 이뤄내는 조직이 됩니다. 그래서 다시 한번 묻게 됩니다. 여러분은 조직원을 얼마나 신뢰하시나요?

일할 맛을 내는 조직의 셰프

날이 맑고 내일이 주말이어서인지 오늘따라 서울시의회 마당의 꽃이 눈에 들어옵니다. 저의 출근길에 맞춰서 오늘 새로 심은 꽃이 아닙니다. 봄 이후로 꽃은 항상 그 자리에 있었습니다. 제가 꽃을 보고 예쁘다고 생각하니 예쁜 꽃이 되었습니다. 거창하게 말하면 수많은 식물의 하나로 생존하던 꽃이 예쁜 꽃으로 실존하게 되었습니다. 김춘수 시인은 내가 그의 이름을 불러 주었을 때 그는 내게로 와서 꽃이 되었다고 말합니다.

리더는 성과를 내야 합니다. 문제는 내가 열심히 한다고 성과가 나지 않는다는 점입니다. 그랬다면 벌써 성과를 냈을 겁니다. 팀원이 움직여야 합니다. 그래야 성과든 뭐든 나옵니다. 그런데 팀원이 내 뜻대로 움직여지지 않습니다. 억지로 끌고 갈 수 있는 시대도 아닙니다. 그래서 팀원일 때가 좋았다는 생각이 드는 겁니다. 다른 거 신경 쓰지 않고 내가 맡은 일만 잘하면 되었으니까요.

그러면 어떻게 하면 좋을까요? 꽃에 힌트가 있습니다. 예쁜 꽃으로 불러줘서 의미 있는 존재로 실존하게 해야 합니다. 실존이란 단어에 주눅이 들 필요는 없습니다. 쉽게 말하면 의미 부여고, 더 쉽게 표현하면 칭찬입니다. 사람은 스스로 일의 의미를 찾고 인정받을 때 힘이 납니다. 힘이 생기니 힘차게 움직입니다. 그런 사람들이 모여야 조직의 성과가 나오는 법입니다.

의미를 스스로 찾으면 좋겠지만 현대 사회는 반대로 개인의 의미를 잃게 만듭니다. 전문화, 분업화된 조직이 개인을 주체가 아닌 수단으로 만듭니다. 찰리 채플린의 영화 '모던타임즈'의 주인공처럼 말입니다. 하루 종일 나사를 돌리며 공장의 부속물이 됩니다. 의미를 찾으려야 찾을 수 없고 오히려 인간성마저 잃습니다. 지금도 다르지 않습니다. 가만히 있으면 모던타임즈의 주인공처럼 됩니다. 그래서 리더가 먼저 의미를 찾게 해줘야 합니다.
팀원이 가진 정보와 경험에서는 지금 하는 일의 의미를 도무지 모를 수 있습니다. 이럴 때 리더가 나서야 합니다. 이 작은 일이 전체에서 어떤 역할을 하는지 구체적으로 설명해 줘야 합니다. '나도 몰라. 관장님이 하라시니까 일단 해보자' 의미 부여는 못할망정 의미상실은 하지 말아야 합니다. 이렇게 말하면 리더가 아닙니다. 불합리한 지시를 대안 없이 함께 견디는 동료에 지나지 않습니다.

그렇다고 현실을 외면한 장밋빛 미래를 꾸며내라는 말은 아닙니다. 의미 부여는 현실을 직시하는 게 시작입니다. 주어진 과제가 불합리하거나 과하다면 그 이유를 구체적으로 분석해야 합니다. 팀원은 자신에게 맡겨진 과제 하나로 전체를 파악합니다. 기준은 자신입니다. 얼마나 자신에게 도움이 되고 힘이 드는지가 관건입니다. 팀원이 이기적으로 자신만 생각한다는 말은 아닙니다. 팀과 다른 팀원을 생각하지만 그래도 본인 중심으로 생각하는 경향이 더 큽니다. 그런 팀원을 탓할 것도 없습니다. 사람이 원래 그렇습니다. 그렇다면 어떻게 하면 될까요?

첫째, 전후 사정과 문맥을 말해줘야 합니다. 최고 관리자의 말을 그대로 전할 거면 리더는 필요 없습니다. 최고 관리자가 직접 전하거나 녹음기로 틀어주면 끝입니다. 전후 사정, 문맥에 리더의 생각을 더 해야 합니다. '이번 과제는 이런 취지와 이런 과정에서 나왔는데 내 생각은 이렇다. 그래서 이렇게 하

면 좋겠다. 혹은 동의는 되지 않지만, 이런 의미가 있으니 이번 과제를 이 정도 수준에서 수행하면 좋겠다'
리더가 조직의 불합리한 지시를 댐처럼 막겠다는 생각은 위험합니다. 조금은 견딜 수 있을지 모르지만 결국은 터집니다. 차라리 조금씩 넘치면 대응할 기회라도 있지만 댐이 무너지듯 한꺼번에 쏟아지면 대책이 없습니다. 그래서 리더의 견해가 중요합니다. 숨기지 말고 건강하게 자기 생각과 감정을 표현해야 합니다. 다시 한번 말씀드리지만 참는 건 답이 아닙니다. 문제를 더 키우는 겁니다. 언젠가 반드시 터집니다.

둘째, 작은 성과를 찾아서 말로 돌려줍니다. 칭찬입니다. 칭찬이 좋다는 건 알지만 못하는 게 또한 칭찬입니다. 왜냐하면 칭찬을 받아보지 못해서 그렇습니다. 칭찬에 인색한 문화입니다. 감정 표현을 잘 못하니 칭찬도 어색합니다. 다 알지 않냐고 말합니다. 모릅니다. 말해야 압니다. 알아도 말로 확인해야 의미가 분명해집니다. 그렇다고 이런 칭찬은 곤란합니다. '00 님은 우리 팀에 없어서는 안 될 존재예요' 이건 칭찬이 아니라 일기장에 적어야 하는 문구입니다. 시인이 아니라 팀장이 되어야 합니다. 칭찬은 무엇보다 소소하고 세밀해야 합니다. '바자회 고생했어요' 보다는 '이번 바자회 기획으로 청년 동아리 부스 만든 거 너무 참신했어요'라고 말하는 게 칭찬입니다. '바자회 고생했어요'의 의미는 하나입니다. 그러나 세밀하게 찾으면 10개도 넘는 의미가 생깁니다.

거센 바람을 막아주는 가림막 같은 리더, 부러울 정도로 일처리가 빠른 리더, 강인한 정신력을 가진 리더. 모두가 존경할 만한 리더입니다. 그러나 존경으로 끝나서는 안 됩니다. 우리는 지역의 사람들을 위해서 실천하는 사람이기 때문입니다. 지금 내가 하는 일의 의미를 찾게 해주는 리더가 필요합니다. 안 그래도 보조금 집행에 맞춰서 반복되는 현장의 실천은 가만히 있으면 의미를 상실하게 됩니다. 물론 팀원에게 의미를 찾게 해주려면 리더가 먼저 의미를 찾아야 합니다. 그래서 어려운 과제입니다. 그렇다고 포기할 수도 없는 과제입니다. 일할 맛이 나게 해주는 그런 조직은 없습니다. 소소하고 작은 의미를 우리 스스로가 찾아야 합니다. 그렇게 서로를 불러줘서 서로의 꽃이 되어야 합니다. 꽃에서 새로운 생명이 피어나듯이 우리가 꽃이 된 그곳에서 생기 넘치는 복지가 시작됩니다.

3장

결정하고

기준이 있어야 결정합니다

결정이 중요하다는 건 압니다. 리더는 결정하는 사람인 것도 인정합니다. 그런데 결정이 어렵습니다. 결정 앞에서 결정하지 않기로 결정하곤 합니다. 왜 그럴까요? 우선 결정하지 못하는 자신을 너무 책망하지 않으면 좋겠습니다. 모든 일에는 이유가 있습니다. 내가 결정하지 못하는 것도 이유가 있습니다. 결정하기 전에 점검해야 합니다.

서울에서 부산까지의 거리를 잰다면 어디를 기준으로 할까요? 서울 광화문 교보문고 사거리에 도로원표가 있습니다. 여기가 시작점입니다. 도로원표를 기준으로 거리와 위치를 정합니다. 서울 도로원표에서 오른쪽 0도로 가면 끝에 정동진이 있습니다. 물론 정서진과 정남진도 있습니다. 한번 찾아보세요. 위치를 알려면 기준이 있어야 합니다. 세계의 기준은 영국 런던 그리니치 천문대에 있습니다. 여기를 기준으로 동양과 서양이 구분되고, 세계 각국의 위치와 시간이 나옵니다. 본초자오선이라고 부르는 기준점입니다. 여기서 해가 뜨는 게 아닙니다. 그래도 정해야 세계가 공통적으로 사용할 수 있는 위치와 시간이 정해집니다.

어디를 기준으로 하느냐보다 정했다는 사실이 중요합니다. 기준이 있어야 한다는 말입니다. 기준은 정하는 겁니다. 그동안 선택을 하지 못했거나 미루고 회피한 이유는 기준이 없어서 그렇습니다. 아니면 기준이 일관성이 없이 움직이기 때문입니다. 어제는 동쪽이었던 게 오늘은 서쪽이 됩니다. 이건 기준이 아닙니다. 아니 없는만 못한 기준입니다. 혼란만 주기 때문입니다. 어제는 맞다고 하고 오늘은 틀리다고 하니 팀원이 따를래야 따를 수가 없습니다. 기준이 중요합니다. 기준을 정해야 합니다.

기준을 정한다는 건 중요한 것을 가려낸다는 뜻입니다. 예를 들어 잘 산다는 기준은 무엇입니까? 잘 산다는 기준은 잘 사는 게 무엇인가라는 질문과 같습니다. 그래야 기준을 정할 수 있습니다. 어떤 사람은 돈이 중요하다고 합니다. 건강이라고 말하는 사람도 있습니다. 관계가 좋아야 하고, 쉼과 배움이 있어야 한다고도 말합니다. 무엇이 옳다고 말하지는 못합니다. 그러나 자신이 생각한 기준은 있어야 합니다. 그래야 집중할 수 있습니다. 건강이 기준인 사람은 잘 살기 위해서 잘 먹는 것과 운동에 집중합니다. 건강해야 잘 사는 것이니까요.

잘 산다는 것처럼 리더십도 기준이 있어야 합니다. 여러분은 리더로서 무엇을 가장 중요하게 생각하시나요? 그게 선택의 기준입니다. 기준이 있어야 결정할 수 있습니다. 리더는 결정하는 사람입니다. 결정하기 위해서 알아야 합니다. 결정해야 팀원을 리드하고 조직을 움직이게 합니다. 핵심은 결정입니다. 그래서 다시 한번 강조하며 묻습니다. 여러분의 기준은 무엇인가요?

기준은 정보에서 나옵니다

리더는 결정하는 사람이고, 결정하기 위해서는 기준이 있어야 한다고 말했습니다. 그러면 막연히 기준을 가져야겠다고 생각하지 말고 질문해야 합니다. 어떻게 하면 기준을 만들 수 있을까? 기준은 어떻게 만들어지는 것일까? 질문이 능력입니다. 이번 장에서는 이 질문에 답해 보겠습니다.

태백에는 한강과 낙동강의 시작점이 있습니다. 한강의 시작점을 검룡소라고 합니다. 산길을 따라서 조금만 올라가면 바위 사이로 물이 용솟음 치고 아래로 시냇물이 되어 흘러내려 갑니다. 한강의 시작입니다. 한강은 한반도 젖줄입니다. 그러나 시작부터 그렇게 장엄하지는 않습니다. 작은 점입니다. 리더의 기준도 마찬가지입니다. 리더의 기준도 작은 점에서 시작됩니다. 리더의 기준이 시작되는 작은 점이 정보입니다.

기준은 저절로 만들어지지 않습니다. 정보가 있어야 합니다. 여행갈 때 기준은 무엇인가요? 가성비, 숙소, 활동, 먹거리, 친구. 여행의 선택 기준에는 끝이 없습니다. 그러나 한국을 처음 온 외국인의 선택은 어떨까요? 매우 제한적입니다. 정보가 부족하고 경험할 수 있는 시간은 짧아서 그렇습니다. 여행 전문가에게 어디가 좋냐고 묻는 건 우문입니다. 여행 전문가는 그런 질문에 취향이 어떻게 되냐고 다시 질문할 겁니다. 당신의 기준은 무엇이냐는 뜻입니다. 여행의 기준을 알아야 선택할 수 있습니다.

정보가 충분해야 자신만의 기준이 생기고, 그래야 선택합니다. 그러면 이제 남은 일은 정보를 얻는 겁니다. 어디서, 어떻게 정보를 얻을까요? 지금은 정보라면 휴대폰과 인공지능을 생각하지만 인류가 오랜 세월 사용한 정보습득 방법은 따로 있습니다.

첫째, 책입니다. 문명은 곧 문자입니다. 문자로 축적한 지식이 책입니다. 종이책을 고집할 필요는 없습니다. 전자책이 있고 리듬으로 된 음악이란 책, 이미지로 된 미술, 영화라는 책이 있습니다.

둘째, 사람입니다. 내가 경험하는 인생은 하나입니다. 나는 내 인생만 살 수 있습니다. 다른 사람의 경험이 배움이 되는 이유입니다. '사람책'이란 표현을 쓸 정도로 사람을 만나면 생생한 살아있는 정보가 들어옵니다.
셋째, 여행입니다. 책과 사람은 간접경험입니다. 여행은 직접경험입니다. 내가 직접 발로 걷고 눈으로 보고 손으로 만지는 경험입니다. 넓게 보면 집을 벗어난 모든 경험이 여행입니다.

정보화시대라고 하는데 역설적으로 정보가 부족합니다. 몰라도 되는 타의적 정보는 많은데, 알아야 하는 양질의 자발적 정보는 매우 빈약합니다. 얕은 정보가 많으니 이제 정보는 충분하다는 착각을 하는 건 더 심각한 문제입니다. 자신의 정보를 점검해 보세요. 혹시 과거의 얕은 정보로 현재를 사는 건 아닌가요? 심지어 남에게 얻은 너무 먼 과거의 정보로 미래를 준비하고 있지는 않나요? 만약 그렇다면 자신도 모르게 선택을 미루고 있을 겁니다. 자신도 무의식적으로 알거든요. 이러면 안 된다는 것을요.

리더는 결정해야 합니다. 결정하려면 기준이 있어야 합니다. 기준은 정보가 있어야 생깁니다. 결국 리더는 정보를 모으는 사람, 정보를 자신의 것으로 소화하는 사람입니다. 정보를 모으고 활용하는 행위를 공부한다고 합니다. 리더는 공부하는 사람입니다. 공부하시나요?

경험을 분석하면 정보가 됩니다

정보를 얻는 것에 만족해서는 안 됩니다. 엄밀히 말하면 첫 번째 정보는 자료에 불과합니다. 자료를 분석해야 정보가 됩니다. 분석이 거창하다면 이해해서 내 것으로 만든다고 생각하면 됩니다. 책을 읽었다고 정보가 되지 않습니다. 밑줄을 치고 생각하고 기록하고 인용하고 그럴 때 비로소 정보가 됩니다.

정보에도 수준이 있습니다. 첫 번째 단계가 자료입니다. 자료를 해석하고 이해하면 정보가 됩니다. 정보를 벽돌이라고 한다면 이렇게 얻은 정보로 집을 지을 수가 있습니다. 정보의 벽돌로 쌓은 집을 지식이라고 합니다. 회사에서는 생각나지 않은 아이디어가 집에서 쉴 때 떠오릅니다. 지식의 집에서 떠오르는 생각을 통찰이라고 합니다. 통찰이 생기면 마음이 움직입니다. 해보고 싶은 마음, 설레는 마음이 생깁니다. 통찰로 생긴 마음을 영감이라고 합니다.

가수 박진영이 이런 말을 했습니다. 가수가 입으로 노래하면 청중은 귀로 듣고, 가슴으로 노래하면 가슴으로 듣고, 영혼으로 노래하면 영혼으로 듣는다고요. 리더십에도 똑같이 적용되는 말입니다. 리더가 자료 수준에서 말하면 팀원은 자료 수준에서 일합니다. 리더가 지식 수준에서 말하면 지식 수준으로, 영감 수준에서 말하면 영감 수준에서 일합니다. 사람을 움직이는 건 자료와 정보가 아닙니다. 최소한 통찰 수준은 되어야 합니다. 통찰로 납득이 되고 영감으로 마음이 움직여야 몸이 따릅니다.

그동안 얻었던 정보, 팀원에게 전달했던 정보를 점검해 보세요. 혹시 자료 몇 개를 던져주고 움직이라고 몰아세우지는 않았나요? 자신도 이해 못하는 정보를 전달하지는 않았나요? 기본으로 돌아가야 합니다. 리더의 기본은 정보입니다. 정보를 모으고 분석해서 내 것으로 만들어야 합니다. 그래야 결정합니다. 결정할뿐더러 자신의 결정을 믿습니다. 확신합니다. 그런 확신에도 남들은 따르기를 주저하곤 합니다. 하물며 이런 확신마저 없다면 리드는 너무 먼 이야기입니다.

정보 분석이 어렵다면 분석 대신 질문을 떠올려도 좋습니다. 큰 바위가 있습니다. 큰 바위를 분석하려면 쪼개야 합니다. 잘개 쪼개야 성분 분석이 됩니다. 분석은 나누고 쪼갠다는 뜻입니다. 돌을 쪼개는 도구가 망치라면, 생각을 쪼개는 도구는 질문입니다. 자료를 얻었으면 질문해야 합니다. 질문을 깊이 할수록 큰 바위같은 자료가 돌가루가 되어 분석할 수 있게 됩니다. 인공지능의 시대에 질문이 능력인 것처럼, 분석력은 곧 질문하는 능력입니다.

분석의 구체적인 방법은 첫째, 공통점을 찾습니다. 빈도 분석이라고 부르는 가장 기초적이면서도 강력한 분석방법입니다. 친구들과 저녁 메뉴를 정할 때 쓰는 방법입니다. 팀 회의에서 리더는 분석해야 합니다. 팀원들의 의견에서 공통점을 찾아야 한다는 뜻입니다. 둘째, 차이점을 찾습니다. 공통된 다수의 의견이 항상 옳은 건 아닙니다. 다수가 생각하지 못한 특별한 의견을 찾아냅니다. 셋째, 주제를 찾습니다. 아무 생각 없이 일단 들어보자고 하면 아무것도 남지 않습니다. 내 생각인 가설이 있어야 합니다. 내 생각이 맞는지를 검증하는 분석 방법입니다.

정보화 시대, 인공 지능의 시대에 정보가 넘치니 그동안 정보를 많이 알고 있다고 착각했는지도 모릅니다. 아니 분명히 그건 착각입니다. 세상에 얼마나 많은 옷이 있나요? 그건 세상의 옷이지 내 옷이 아닙니다. 내가 필요한 옷을 고르고 사서 옷장에 잘 보관하고 때에 맞춰 입어야 내 옷입니다. 세상에 넘치는 정보, 휴대폰만 열어도 언제나 접속 가능한 정보, 노트북에 저장한 정보는 아직 정보가 아닙니다. 부디 자신의 정보를 가지시길요. 그래야 리드합니다.

핵심에 집중합니다

커피를 좋아합니다. 매일 아침 내려 먹는 핸드 드립커피는 일상의 낙입니다. 원두를 갈아서 종이 필터에 넣고 물을 조금씩 내리면 커피 특유의 향을 간직하면서 기름기가 제거된 깔끔한 맛이 납니다. 핸드 드립 또는 필터 커피라고 합니다. 필터는 이물질을 걸러내는 장치입니다. 정수기 필터처럼 말입니다. 리더십을 말하면서 필터 커피를 떠올리는 이유가 있습니다. 시대가 원하는 리더십의 중요한 역량이 필터링이기 때문입니다.

변화의 속도가 빠르지 않고 폭도 넓지 않았던 시절에는 경험 많은 리더의 판단이 중요했습니다. 아니 충분했다는 표현이 더 맞겠습니다. 그런데 지금은 아닙니다. 리더의 경험으로 대응할 수 없는 변화의 속도입니다. 한 번 습득하면 몇 년은 써먹었던 정보의 유효기간이 극단적으로 짧아졌습니다. 정보는 넘쳐나고 무엇을 선택해야 하는지 리더의 고민은 깊어집니다. 그렇다고 아무 정보나 가져다 쓸 수도 없습니다. 결국 수많은 정보 중에서 필요한 정보를 걸러내야 합니다.

첫째, 할 수 있는 것을 걸러내야 합니다. 열정과 의지로 해내던 시절이 있었습니다. 열정과 의지는 지금도 유효한 실천의 중요한 보이지 않는 자원입니다. 그러나 열정과 의지만으로는 안 됩니다. 환경과 역량을 고려해야 합니다. 실천에 자원은 중요한 요소입니다. 정신 승리와 보고서의 현란한 목표로 멈춰서는 안 됩니다. 안 되는 것은 안 됩니다. 안 되는 것을 되게 하려면 많은 자원이 투입되어야 합니다. 할 수 있는 것부터 시작해야 합니다.

둘째, 중요한 것을 걸러내야 합니다. 책을 읽으면 한 문장으로 요약할 수 있어야 합니다. 요약이 핵심이고, 핵심이 곧 중요한 것입니다. 모든 것을 알 수도 없지만 모든 것을 알겠다는 무모한 시도는 아무것도 하지 않겠다는 말과 같습니다. 정책과 조직이 원하는 모든 것을 할 수 없습니다. 걸러내야 합니다. 지금 해야 할 중요한 것을 말입니다. 중요한 것을 선택해야 집중할 수 있고 집중해야 성과를 얻습니다.

셋째, 시급한 것을 걸러내야 합니다. 자원 중에 가장 중요한 자원이 시간입니다. 모든 일에는 마감이 있습니다. 시간이 무한하다면 문제도 없습니다. 언젠가는 이루어질 테니까요. 결국 일은 제한된 시간 안에서 얼마나 성과를 내느냐로 요약됩니다. 시급한 것을 걸러내지 않으면 일에 치이게 됩니다. 모든 일에서 시간이란 꼬리표를 떼어내면 모두 다 지금 해야 하는 일이 되기 때문입니다. 일에 시간표를 붙이는 게 능력입니다.

넷째, 함께 할 것을 걸러내야 합니다. 혼자 해야 하는 일이 있고 함께 해야 하는 일이 있습니다. 이것을 구분하지 못하면 함께 해야 하는 일을 혼자서 앓기만 합니다. 반대로 혼자 해야 하는 일에 팀의 에너지를 소모합니다. 갈수록 혼자서 해낼 수 있는 과제보다는 협력해야 하는 일들이 많아집니다. 협력해야 팀의 업무 효율이 높아집니다.

정보가 넘칠수록 정보를 걸러내야 양질의 필요한 정보에 집중할 수 있습니다. 그런데 할 수 있는 일, 중요한 일, 시급한 일, 협력할 일을 걸러내기는 말은 쉽지만 단기간에 길러지는 역량이 아닙니다. 오랜 시행착오와 경험이 쌓여야 합니다. 그래도 시간을 줄이는 방법이 있습니다. 한걸음 떨어져서 보는 방법입니다. 친구의 연애에 조언할 수 있는 이유는 한걸음 떨어져서 보기 때문입니다. 그렇게 친구들의 연애 상담을 해주던 사람도 사랑에 빠지면 자신이 조언해 주던 친구들과 똑같은 실수를 합니다.

자신의 업무에 빠진 팀원은 걸러내기가 어렵습니다. 그래서 리더가 있는 겁니다. 똑같이 당장의 일에 매몰되지 말고 한 걸음 떨어져서 봐야 합니다. 최상위급 원두도 필터로 거르지 않으면 먹을 수 없는 쓴 물이 됩니다. 리더가 조직의 바리스타가 되어 걸러내야 합니다. 조직의 맛과 향이 달라집니다.

포기도 능력입니다

흔히 생각하는 리더상으로 어떤 역경에서도 포기하지 않고 불굴의 의지로 돌파하는 모습을 떠올립니다. 아주 드물지만 그런 사람이 있긴 합니다. 그런 사람을 위인이라고 부릅니다. 우리는 위인이 아닙니다. 태풍은커녕 나뭇잎이 흔들릴 정도의 약한 바람에도 휘청거립니다. 인간은 원래 그렇게 나약한 존재입니다. 리더는 누구와도 다를 것 없는 한국 사회를 살아가는 평범한 사람입니다.

선택과 집중을 다시 한번 강조합니다. 선택해야 집중하고 그래야 성과를 얻을 수 있습니다. 시작점인 선택의 의미를 바로 아는 게 중요합니다. 선택을 자꾸만 더 하는 것으로 오해

합니다. 선택은 덧셈보다 뺄셈에 가깝습니다. 휴가로 산과 바다 두 군데를 두고 고민한다고 생각해 봅시다. 산과 바다 어느 쪽이 더 좋을지를 생각해서 선택합니다. 산을 선택했다고 생각해 볼까요. 산이 주는 여러 가지 유익이 있어서 선택했겠죠. 그러나 산을 선택했다는 것은 바다를 포기했다는 뜻이기도 합니다. 선택이라고 쓰고 포기라고 읽어야 합니다. 바다를 포기한 사람이 산을 선택하고, 산을 포기한 사람이 바다를 선택합니다.

아이는 포기하지 않습니다. 모든 것을 자기 뜻대로 얻으려 합니다. 왜냐하면 그럴 수 있다고 생각하기 때문입니다. 나이가 들수록 내 뜻대로 되지 않는 게 있다는 사실을 알게 됩니다. 그런 경험을 하면서 될 것과 안 될 것을 구분하는 지혜가 생깁니다. 조직의 리더도 마찬가지입니다. 포기하지 않는 리더는 욕심 많은 아이, 안 되는 것을 모르는 아이입니다. 조직원이 무엇을 선택해서 집중할지를 모를 때 리더가 필요합니다. A, B, C 업무를 맡은 직원에게 D를 더하는 리더는 하수입니다. 리더보다는 지시자라는 표현이 더 적합합니다. B, C를 빼서 A에 집중할 수 있도록 해주는 사람이 성과를 만드는 리더입니다.

이걸 모르는 리더는 없습니다. 알면서도 못 하는 이유가 있습니다. B, C도 해야 하는 업무고 이것을 포기하면 문제가 발생하기 때문입니다. 그렇다면 성과를 내는 리더는 어떻게 했을까요? 성과를 내는 리더는 B, C를 포기할 때 발생하는 위험을 감수하고 문제를 감내한다고 합니다. 쉽게 말해 욕을 먹고 발생한 결과에 책임집니다. 대신에 중요한 A에 집중해서 의미 있는 성과를 냅니다. 반대로 성과를 내지 못하는 리더는 A, B, C 모두를 해냅니다. 수식어가 중요합니다. 해내되 '적당히', '안전하게', '무난하게' 해냅니다. 당연히 문제는 발생하지 않고 욕먹을 일도 없습니다. 다만 적당히 투자했기 때문에 적당한 결과와 안전한 유지 관리만 가능합니다. 유지관리라는 순화된 표현을 썼지만 달리 말해 도태입니다.

마을, 공동체, 환경, 지속가능경영, 고립. 새로운 과제가 등장할 때마다 리더는 촉각을 곤두세워야 합니다. 새로운 과제로 얻을 성과를 생각하기 전에 포기해서 감내할 것을 결정해야 합니다. 다른 기관이 모두 ESG 경영을 도입해도 아니라면 과감히 포기해야 합니다. 아직도 안 하냐는 힐난을 들어도 감내해야 합니다. 새로운 과제를 도입한다면 이전의 과업에서 포기할 것을 정해야 합니다. 덜어내야 채울 수 있습니다. 물이 가득 있는 물컵에 물을 부어야 소용없습니다. 덜어내야 새 물이 채워집니다.

처음 팀장이 된 분들은 열정이 가득합니다. 맡겨진 과제의 성과를 내면서도 팀원들에게 한없이 잘해주고 싶습니다. 이제 리더가 되었으니 조직을 위해서도 더 열심히 일하려 합니다. 열심히 일하는 건 칭찬받을 일입니다. 다만 이제 열심만으로는 되지 않습니다. 잘 해야 합니다. 모든 것을 한다는 것은 자신을 너무 신뢰하거나 반대로 모른다는 말입니다. 먼저 올바른 선택을 하기 위한 포기를 배워야 합니다. 포기는 안 한다는 뜻이 아니고 지금 시점에서 더욱 중요한 일에 집중한다는 선언이자 결단입니다. 지금 여러분은 무엇을 움켜쥐고 있나요? 포기하는 것도 능력입니다. 아니 변화의 시대에 꼭 필요한 능력입니다.

결정해야 리더입니다

결정하는 리더의 마지막 장입니다. 마지막이라고 하니 가장 중요하고 오래 기억될 말을 해야겠다는 생각에 시간이 길어졌습니다. 다른 것을 모두 잊어도 이것 하나만 기억되길 바라는 하나가 글의 제목이 되었습니다. 그럼에도 결정하는 리더. 리더는 결정하는 사람입니다. 리더에게는 결정 말고도 많은 역할이 있습니다. 하지만 결정은 리더의 본질적인 역할입니다. 다시 말해 결정하는 사람이 리더입니다. 직위가 리더여도 결정을 피하면 리더가 아닙니다. 반대로 직위가 낮아도 자신이 맡은 과제에서 결정을 내리면 리더입니다.

결정을 내린다는 게 어려운 일입니다. 과거처럼 변화의 폭이 작은 시대에 반복되는 업무를 수행하면 결정이 어렵지 않습니다. 결정을 내려야 하는 일이 대부분 내 경험 안에 있기 때문입니다. 설사 경험을 벗어난 일이라도 충분히 예측됩니다. 지금은 다릅니다. 레오나르도 다빈치처럼 모든 분야를 섭렵한 전문가는 더 이상 나오기 어렵습니다. 변화가 빠르고 복잡해졌습니다. 그래서 결정도 몇 배 더 어려워졌습니다. 결정하는 리더 앞에 '그래도'를 붙여야 합니다. 그런 어려운 상황을 반영한 표현입니다.

이건 나도 모르는 일이니 같이 생각해 보자고 말하면 리더가 아니라 동료입니다. 틀리더라도 리더의 경험으로 판단해서 말해야 합니다. 물론 정답을 말하라는 게 아닙니다. 리더의 독단적 생각으로 조직을 이끌라는 뜻도 아닙니다. 틀려도 되니 리더의 생각과 판단을 근거를 가지고 말해야 합니다. 그러라고 월급을 더 주고 더 높은 직위와 권한을 준 것입니다. 그런데 나도 모르겠다고 말하거나 결정을 미루기만 한다면 스스로 리더의 역할을 포기한 것과 다르지 않습니다.

틀려도 된다는 말을 오해하지 않았으면 좋겠습니다. 아무 말이나 책임감 없이 내뱉으라는 말이 아닙니다. 틀리건 맞건 리더가 결정해야 다음 단계가 진행됩니다. 리더의 뜻대로 하자는 말이 아니라 논의를 진전시키고 방향을 잡기 위해 시작을 해야 한다는 뜻입니다. 다시 한번 강조하지만, 그 시작은 리더의 판단입니다. 물론 리더의 결정이 틀리지 않고 방향을 잘 잡았다면 일의 진척 속도가 빨라집니다. 그러나 매번 그럴 수는 없습니다. 어떻게 하면 옳은 결정, 미루지 않는 결정을 할 수 있을지를 고민해야 합니다.

'자기결정'을 쓴 페터 비에리는 말합니다. 행복하고 존엄한 삶은 내가 결정하는 삶이라고요. 결정을 위해서는 과거에서 자아상을 찾고, 현재의 자신을 알고 미래를 선택해야 한다고 말합니다. 페터 비에리의 말을 빌리자면 리더가 결정하기 위해서는 자신을 알아야 합니다. 나를 알고 환경을 알아야 합니다. 알아야 결정할 수 있습니다. 변화무쌍한 사회 변화에서 조직을 옳은 방향으로 움직이기 위한 리더의 결정은 역설적으로 리더 자신을 아는 게 시작입니다. 자신의 삶을 결정한 경험이 있어야 다른 사람을 위해 결정을 할 수 있습니다.

리더는 리드하는 사람입니다. 그래서 자꾸만 시선이 조직원을 향합니다. 그러다 놓치는 중요한 사람이 있습니다. 자신입니다. 리더가 리드해야 하는 첫 번째 사람은 자신입니다. 자신의 삶을 결정하고 결정한 대로 살아가는 사람이 다른 사람을 그렇게 리드할 수 있습니다. 이제 리더십의 결론에 가까이 왔습니다. 리더는 결정하는 사람, 먼저 자신의 삶을 결정하는 사람입니다. 모든 결정에는 시행착오가 있습니다. 실패를 경험하지 않은 결정만큼 위험한 결정도 없습니다. 결정한다는 말에는 실패를 각오하는 용기가 포함되어 있습니다. 그래서 3장을 마치며 질문합니다. 실패할 용기가 있으신가요? 그럼에도 결정하는 리더인가요?

4장

움직입니다

움직이기 위한 조건

멈춰있는 물체가 움직이기 위해서는 힘이 필요합니다. 물이 끓기 위해서는 열이 필요합니다. 변화를 위해서는 조건이 갖춰져야 합니다. 간절히 바라는 마음, 포기하지 않는 열정, 예의 바른 태도를 갖춘다고 변화가 일어나지는 않습니다. 물체가 움직이고 물이 끓는 것처럼 변화를 위한 조건이 갖춰져야 합니다. 그러면 변화를 위해서는 어떤 조건이 필요할까요?

첫 번째 조건은 여유입니다. 변화의 폭이 크거나 획기적인 변화를 창조라고 합니다. 창조가 추상적이라면 창작이라고 생각해도 좋습니다. 사람들의 기억에 남을 음악을 창작하려고 마음 먹는다고 새로운 음악이 나오지 않습니다. 영감은 떠올라야 합니다. 떠오르기 위해서는 충분한 경험이 있어야 하지만 결국 영감이 구체적으로 발현되는 건 여유로울 때입니다. 그렇게 떠오르지 않던 아이디어가 퇴근 후 샤워를 하다가 혹은 여행을 떠나는 기차에서 생각납니다.

현장의 변화가 어려운 이유가 여기에 있습니다. 해야 할 과업과 오늘 처리할 업무로 하루가 꽉 차 있습니다. 여유라는 단어는 사치입니다. 숨 쉴 틈 없이 하루와 한 달이 지나고 일 년이 반복됩니다. 변화는커녕 유지도 만만한 일이 아닙니다. 그래서 변화를 외치지만 변화의 폭이 매우 작습니다. 반대로 생각하면 변화를 위해서는 여유를 만들어야 합니다. 비워내야 채울 수 있습니다. 큰 변화를 원한다면 많이 비워내야 합니다. 결국 리더십을 발휘해서 변화를 만든다는 건 기존의 사업을 얼마나 덜어낼 수 있냐는 말이기도 합니다.

이렇게 말하면 어김없이 나오는 반론이 있습니다. 관장님과 평가입니다. 최고 관리자의 뜻은 물론 중요합니다. 그러나 변화를 위해서는 최고 관리자를 설득해야 할 때도 있습니다. 그것이 어렵다면 내가 가진 권한내에서 할 수 있는 일을 하면 됩니다. 물론 최고 관리자를 설득해서 해낼 수 있는 변화의 폭보다는 작아지겠지만 관장님을 핑계로 아무것도 하지 않는 것보다는 훨씬 나은 선택입니다. 평가도 마찬가지입니다. 평가 때문에 비우지 못하는 게 아니라 관행적인 실천방식에 문제가 있는지도 모릅니다. 모든 문제를 평가에 뒤집어 씌우지는 않았는지 점검해봐야 합니다.

두 번째 조건은 절실함입니다. 여유가 비우는 것이라면 절실함은 채우기입니다. 비웠으면 채워야 합니다. 비우기만 하면 게으른 사람, 일하지 않는 사람으로 오해받습니다. 시대마다 원하는 인재상이 있습니다. 필요한 역량도 달라집니다. 그러나 열정은 언제나 인재상과 역량의 구심점에 있습니다. 변화를 위해서는 힘, 자원, 기술이 필요하지만 열정은 다른 것의 부족함을 압도합니다. 물론 단기간에는 메꾸지 못할 수도 있지만 시간이 지날수록 열정이 힘을 발휘합니다. 한번 해볼까? 안 되면 말고 식으로는 변화가 생기지 않습니다. 팀원들이 모를 것 같지만 누구보다 정확하게 팀장의 절실함을 알아차립니다. 팀장의 절실함이 느껴지면 사업이 조금 이해가 되지 않고 납득이 되지 않아도 신뢰하고 따르게 됩니다.

그러면 절실함은 어디에서 올까요? 먼저 절실함은 외부 요인에서 나옵니다. 대표적인 요인이 생존입니다. 윗세대는 사회생활을 절실하게 했습니다. 왜냐면 가족의 생계가 달려있으니까요. 물론 생계 문제는 지금도 여전히 유효합니다. 그러나 절실함에는 차이가 있습니다. 과거에는 내가 월급을 받지 않으면 가족이 굶어야 하는 절박한 상황이었습니다. 절실한 환경에 절실한 마음이 생기고, 절실한 마음이 절실하게 움직이게 합니다.

사람은 환경의 영향을 받는 정도가 아니라 거의 지배를 받는 다고 해도 과언이 아닙니다. 물론 환경의 영향을 뛰어넘는 소수의 사람이 있기는 합니다. 저와 여러분은 그런 소수가 아닙니다. 작은 바람에도 쓰러지는 갈대에 가깝습니다. 절실함을 위해서는 약간의 부족함이 있어야 합니다. 결핍에서 변화가 시작됩니다.

다음으로 절실함은 내부 요인에서 나옵니다. 대표적인 요인이 사명입니다. 국가, 조직, 가족을 위한 사명이 있습니다. 남들이 쉴 때도 쉬지 않습니다. 사명이 있기 때문입니다. 이제는 조금 여유 있게 해도 되는 환경인데 멈추지 않고 달립니다. 사명이 크고 분명할수록 절실함도 비례해서 커집니다. 또한 절실함은 재미에서도 나옵니다. 게임에 빠진 중학생을 보면 참 절실합니다. 저렇게 절실할 수가 없습니다. 게임의 재미에 푹 빠져서 그렇습니다. 일의 재미를 보람이라고 합니다. 보람이 있어야 절실해지고 움직입니다. 보람을 또 맛보고 싶어서요.

절실함은 외부 요인과 내부 요인이 합쳐져서 만들어집니다. 둘 중 하나를 선택해야 하는 건 아닙니다. 그러나 힘의 충전에는 차이가 있습니다. 똑같이 절실해서 움직였지만 외부 요인으로 움직이면 충전이 어렵습니다. 외부 요인에 맞춰서 수동적으로 힘을 썼기 때문입니다. 남이 시키는 일을 하면서 힘이 충전되는 사람은 없습니다. 똑같이 일을 해도 내가 원해서 하면 힘이 덜 들고 빠졌던 힘도 금새 채워집니다. 내부 요인인 사명과 재미에서 나온 절실함은 마르지 않는 우물과 같습니다. 매번 새롭게 솟아납니다.

리더는 움직이고 움직이게 하는 사람입니다. 그렇다면 움직이기 위한 연료인 절실함을 점검하고 꽉 채워야 합니다. 리더십은 장거리 여행입니다. 다음 주유소까지 갈 정도만 겨우 채우면 달리면서도 불안합니다. 연료를 가득 채우면 마음까지 편안합니다. 무작정 출발하지 말고 절실함을 가득 채웁시다. 절실해야 움직입니다.

움직이기 위해서는 두 가지 조건이 필요합니다. 여유로 비우고 절실함으로 채우기입니다. 그러면 움직일 준비가 된 겁니다. 조건만 잘 갖추면 내가 억지로 변하려고 애쓰지 않아도 때가 되면 변화는 자연스럽게 일어납니다. 남은 일은 자연스러운 변화를 지켜보는 일입니다.

리더는 말로 움직입니다

리더가 변하면 팀에도 분명 변화가 일어납니다. 하지만 그것을 바라며 한없이 기다릴 수만은 없습니다. 가정과 학교가 아니기 때문입니다. 리더가 있는 곳은 조직입니다. 월급을 받고 과업을 수행하며 성과를 내야 합니다. 나 혼자 움직여서는 안 됩니다. 나를 시작으로 팀 전체가 움직이게 해야 합니다. 팀을 움직이려면 자동차 핸들처럼 도구가 있어야 합니다. 리더의 도구는 말입니다. 노무현 대통령은 정치는 말로 한다고 했습니다. 리더도 마찬가지입니다.

일이 많고 힘들면 몸에 무리가 오고, 오랫동안 누적되면 퇴직을 고민하게 됩니다. 하지만 생각해보면 일 때문만은 아닙니다. 오히려 관계에서 오는 어려움이 훨씬 큽니다. 관계가 곧 말입니다. 관계가 좋으면 말이 통한다고 합니다. 사이가 나쁘다고 말하지 않고 말이 통하지 않는다고 합니다. 소통이 강조되는 시대에 리더가 말을 배워야 하는 이유입니다. 하지만 말을 배운 기억이 없습니다. 앞선 리더의 말은 시대와 맞지 않은 지시에 가까웠습니다. 시대는 대화를 원하는 데 주로 담화를 했습니다.

미셸 푸코는 '지식의 고고학'에서 담화란 권력자들이 자신들만의 이익을 위해 조작한 지식이나 진리를 정당화하고자 만든 상식이라고 했습니다. 과거의 리더는 담화를 즐겼습니다. 교장 선생님과 사장님이 담화를 하셨고 나머지는 듣기만 했습니다. 미셸푸코는 담화를 권력 관계로 파악합니다. 상식은 다수의 경험으로 자연스럽게 만들어지는 데 권력자는 담화로 자신의 이익을 대변하고, 그것을 정당화하여 상식으로 만들려고 합니다. 그러니 주입식 말고는 다른 방법은 없습니다. 오랜 시간, 반복해서, 일방적으로 전할 뿐입니다.

담화의 시대가 저물었습니다. 이제는 없어서는 안 될 존재가 된 유튜브는 기본적으로 대화입니다. 혼자서 일방적으로 떠들어도 담화가 아닌 상대와의 대화를 전제로 합니다. 대화로만 다름을 알 수 있고, 다름에서 같은 것을 발견하고 타협과 합의에 이를 수 있습니다. 그런 과정으로 만들어진 보편적인 생각이 상식입니다. 담화는 억지스러운 상식을 강요하고 대화는 자연스러운 상식을 스며들게 합니다.

나는 대화를 한다고 생각했는데 상대는 담화로 받아들인다면 누구의 말이 맞을까요? 송신자보다 수신자의 판단이 중요합니다. 듣는 사람이 담화로 받아들였다면 그런 겁니다. 내가 사랑을 해도 상대가 느끼지 못하고 받아들이지 못했다면 혼자만의 사랑입니다. 똑같은 말도 아 다르고 어 다르다고 합니다. 말 한마디로 천냥 빚을 갚는다고 합니다. 말의 중요성은 말해봐야 입만 아픕니다. 리더는 말을 배워야 합니다. 자신의 말을 점검하고 고치고 다듬어야 합니다. 리더십은 말로 완성됩니다.

솔직한 말이 강합니다

말이 중요하다고 생각하면 실수하는 게 있습니다. 말 잘하는 법을 배우려 하는 겁니다. 물론 방법을 배워야 하고 배우면 도움이 되지만 먼저 해야할 일이 있습니다. 기술은 태도의 밭에서 열매를 맺습니다. 말은 공기가 성대를 울려서 나오는 소리가 전부는 아닙니다. 그건 말이라고 하지 않고 음성이라고 부릅니다. 태도가 갖춰지지 않은 말은 그렇게 음성이 되어 의미 없이 사라집니다. 누구보다 이기적인 김 팀장이 서로를 위해서 협력하자고 말하면 그건 말이 아니라 음성입니다. 의미가 담긴 말은 마음에 남지만 음성은 귀를 거쳐서 공기 중으로 사라집니다.

말 잘하는 방법을 터득하기 전에 솔직한 태도를 갖춰야 합니다. 남에게 말고 자신에게 먼저 솔직해야 합니다. 김 대리는 우리 팀에 도움이 되지 않고 발전이 없다고 말하면 그건 솔직한 게 아니라 노골적인 겁니다. 자신의 감정에 솔직해야 합니다. 솔직한 말이 전달되기 때문입니다. 어떤 사람과 가까이하고 싶냐고 물으면 빠지지 않는 게 솔직한 사람입니다. 반대로 솔직하지 않고 말과 행동이 다른 사람을 가장 멀리 하고 싶다고 말합니다. 인간 관계의 속성은 리더십에도 통합니다. 솔직한 리더의 말이 팀원에게 전달됩니다.

그런데 리더는 왜 솔직하지 못할까요? 첫째, 인내심을 강조한 사회 분위기에 원인이 있습니다. 자원이 없는 최빈국 한국이 성장하기 위해서 인내심이 필요했습니다. 국가와 회사를 위해서 참아야 했습니다. 피로를 참고 불합리를 참았습니다. 참고 또 참았습니다. 그 희생의 댓가로 세계사에 유례가 없는 초고도 성장을 이뤄냈습니다. 그러나 지금은 인내하는 시기가 아닙니다. 참고 많이 하는 것보다 잘하는 게 중요한 시대입니다. 양 보다 질입니다. 그러나 인내했던 세대에게 일을 배운 리더는 아직 인내가 익숙합니다. 문제는 팀원들은 그렇지 않다는 점입니다. 인내심이 미덕인 세대와 인내하지 않는 세대 사이에 끼었습니다.

둘째, 자신의 마음을 모르기 때문입니다. 사람은 상황에 맞게 옷을 입고 가면을 씁니다. 기분이 나쁘다고 출근해서 인상 쓰고 앉아 있을 수만은 없습니다. 컨디션이 나빠도 고객을 만나면 억지 웃음은 아니어도 인상은 쓰지 않아야 합니다. 그렇게 오랜 시간 동안 여러 가지 가면을 쓰다 보면 내 진짜 얼굴을 모르게 됩니다. 어떤게 진짜 내 모습인지 알 수 없습니다. 나를 모르니 솔직하려고 해도 솔직할 수가 없습니다.

참는 관성에 자신의 마음을 알지 못하는 상황이 더해지니 솔직은커녕 위선에 가까워집니다. 말과 행동이 다른 정치인과 종교인만 위선적인 게 아니란 말입니다. 전혀 그럴 의도가 없었는데, 조직과 팀원을 위해서 했던 일이 위선이 된다니요? 안타깝지만 그게 현실입니다. 아파도 현실을 직시해야 해결책을 찾습니다. 소통이 되지 않는 핵심원인은 리더의 위선입니다. 누구의 탓이건, 누구의 책임이 더 크건, 결과는 달라지지 않습니다. 위선을 해결하지 않으면 어떤 리더십도 통하지 않습니다. 위선을 해결하지 않고 조직을 이끌려면 힘으로 눌러야 합니다. 돈으로 보상해야 합니다. 단기적이고 일회적인 해결책입니다. 아프더라도 위선을 도려내는 수술이 근본적인 해결입니다.

그러면 어떻게 해야 할까요? 솔직하게 말하는 훈련을 해야 합니다. 첫 번째 대상은 자신입니다. 거울을 보고 말하면 이상합니다. 내 마음을 알아주라는 뜻입니다. 글을 쓰는 건 자신을 솔직하게 표현하는 가성비 높은 방법입니다. 조직의 불합리한 운영을 어쩔 수 없이 따라야 하는 때라면 답답한 심정, 화나는 마음을 글로라도 표현해야 합니다. 팀원이 도무지 말귀를 알아듣지 못하고 게다가 게으르고 이기적이라면 이해하려고 노력하기 전에 자신의 답답한 심정을 알아줘야 합니다. 신뢰하는 누군가에게 속이라도 털어 놓거나, 그게 아니라면 일기장에라도 써야 합니다.

마음의 소리는 고요할 때 들립니다. 솔직하려면 자신만의 고요한 시간을 가져야 합니다. 혼자만의 시간과 공간, 그리고 여유에서 그동안 몰랐던 마음을 알게 됩니다. 조직과 팀원을 위해서는 그렇게 헌신적이면서 왜 자신에게는 소홀하시나요? 그렇게 다른 사람에게는 관대하면서 왜 자신은 그리도 모질게 대하시나요? 솔직하려고 애쓰면 그게 다시 나를 힘들고 지치게 합니다. 나만의 시간을 가지는 게 먼저입니다.

아이들은 슈퍼맨 아빠보다 솔직한 아빠를 원합니다. 팀원들은 아이보다 더 정확하게 알고 있습니다. 자신의 리더가 완벽하지 않다는 것을요. 아니 자신처럼 허점 많고 나약한 인간이란 걸 압니다. 그런데 리더가 완벽하려고 한다면 그때부터 문제가 발생합니다. 많이 알려고 노력하되 모르는 건 모른다고 인정해야 합니다. 모르는 것을 감추려고 횡설수설할 때 오히려 신뢰가 떨어지고 리더십이 약해집니다. 모르는 것을 모른다고 말할 때 팀원이 리더를 무시하지 않습니다. 신뢰하게 됩니다. 따르게 됩니다. 왜냐면 솔직하기 때문입니다. 그래서 제안해 봅니다. 솔직한 마음을 기록하는 리더십 일기를 써 보는 건 어떨까요?

핵심이 없으면 농담이 됩니다

말의 밭은 솔직함이라고 했습니다. 밭이 중요하지만 그것만으로는 부족합니다. 밭을 일구는 기술이 있어야 합니다. 리더의 말하기에서 꼭 갖춰야 하는 기술이 있다면 조금의 망설임도 없이 핵심 말하기라고 하겠습니다. 핵심이 없는 말은 농담이 됩니다. 농담만큼 사람을 충전시키고 기분을 좋게 하는 것도 없지만 조직은 일을 하는 곳입니다. 농담으로 소통의 벽을 낮추는 것에 만족하지 말고 일을 위한 대화로 이어져야 합니다.

리더의 말에는 목적이 있습니다. 일을 지시하고 점검하면서 일이 되도록 해야 합니다. 그러려면 말의 목적을 정확하게 전달해야 합니다. 리더가 한참 동안 말을 했는데 팀원이 무슨 말을 했는지 모른다면 그건 리더의 잘못입니다. 리더가 지시를 했는데 팀원이 하라는 건지 말라는 건지 헷갈려 한다면 그건 리더가 핵심을 놓쳤기 때문입니다.

예를 들어 보겠습니다. 팀장님이 부장님께 급하게 보고할 일이 생겼습니다. 그래서 김 대리에게 초안 작성을 지시합니다. 부장님께 보고해야 하니 빨리 작성해달라고 합니다. 여기서 문제가 발생합니다. 팀장이 생각하는 '빨리'와 김 대리가 생각한 '빨리'가 다릅니다. 예고된 갈등의 시작입니다. '빨리'라고 말하지 말고 3시까지라고 말해야 합니다. 부장님께 보고할 문서인데 중요한 건 아니고 시간이 급하니, 작년 문서를 참조해서 3시까지 초안을 작성해 달라고 핵심을 정확하게 전달해야 일이 됩니다.

리더의 말을 분석하면 의외로 이런 말이 많습니다. 잘, 빨리, 많이, 중요하게, 의미있게. 이런 형용사를 최대한 줄여서 해석의 여지가 없도록 만드는 게 핵심을 전달하는 겁니다. 그러려면 리더가 먼저 핵심을 분명히 해야 합니다. 이번 일의 핵심이 무엇인지 정확하게 알아야 합니다. 일을 시작하기 전에 중요도, 시급도, 협력도로 일을 먼저 분석하는 것처럼 말하기 전에 핵심을 찾아야 합니다.

핵심을 찾아서 강조하면 의미가 됩니다. 의미 있게 말할 때 의미가 되는 게 아니란 말입니다. 핵심을 강조하면 의미가 됩니다. 다른 사람에게 전달되는 건 말이 아니라 의미입니다. 사람을 움직이게 하는 건 말이 아니라 의미입니다. 그동안 그렇게 설명을 했는데도 팀원이 다른 행동을 했던 건 리더가 말하되 의미가 없어서일지도 모릅니다.

핵심을 전달하려면 빼기를 잘해야 합니다. 진리는 단순합니다. 하고 싶은 말, 해야 할 말을 모두 해버리면 팀원은 유체이탈을 경험합니다. 그럴수록 빼야합니다. 빼다보면 더이상 빼지 못하는, 꼭 전해야 하는 한마디가 남습니다. 그게 핵심입니다. 다음으로 핵심을 어떻게 전달할까를 고민하면 됩니다. 그 방법이 다음 장의 주제인 설득입니다.

팀 회의에 들어가기 전에 오늘 회의에서 꼭 결정해야 할 사항을 정리해서 일목요연하게 전달해야 합니다. 핵심을 전달하기 위해서는 1분 안에 요약해서 전달하는 훈련이 도움이 됩니다. 회의 목적, 방법, 결정사항을 1분 동안 요약해서 전달하는 겁니다. 그렇게 훈련하면 말의 군더더기가 사라집니다. 오해는 군더더기를 먹고 자랍니다. 안 그래도 핵심을 파악하지 못하는 팀원이 핵심을 전하지 못하는 팀장과 대화를 나눈다고 생각해 보세요. 핵심이 빠진 대화가 됩니다. 아무리 중요한 주제로 나누고 있어도 농담 따먹기와 다르지 않습니다. 심지어 핵심을 파악하지 못하는 사람들이 모여서 회의를 한다면요. 회의적인 회의, 생산성 제로의 시간만 뺏는 회의가 됩니다.

업무를 시작하기 전에 오늘 꼭 이뤄야 하는 하나를 생각해 보세요. 이게 된다면 이번 달, 이번 분기의 핵심도 찾을 수 있습니다. 모두 하겠다는 건 아무 것도 하지 않겠다는 말과 같습니다. 선택해야 집중하고, 집중해야 성과를 얻습니다. 선택과 집중을 강조하는 이유입니다. 잘사는 사람은 삶의 핵심이 분명한 사람입니다. 핵심이 분명하니 자신이 선택한 핵심에 집중합니다. 그래서 다시 한번 묻게 됩니다. 여러분은 핵심을 전달하는 리더인가요?

설명하는 리더, 설득하는 리더

한 글자 차이로 의미가 달라지는 말이 있습니다. 이번 주제인 설명과 설득이 그렇습니다. 결론부터 말하면, 설명은 내 중심이고 설득은 타인 중심입니다. 그래서 설명은 지루하고 설득은 끌립니다. 모든 말하기는 설득이 되어야 하는 이유입니다. 특히 리더의 말은 설득으로 무장해도 부족합니다. 설득이 되어야 움직이기 때문입니다. 그러면 이제 남은 과제는 어떻게 설득을 시키느냐입니다.

영화 건축학개론의 히어로는 지금은 유명 배우가 된 조정석입니다. 영화의 주연보다 조연이었던 조정석이 더 기억나는 영화입니다. 영화에서 조정석 배우는 '납득이 안 가잖아. 납득이' 이 대사를 찰지게 연기합니다. 납득이라는 별명까지 얻을 정도였습니다. 설득의 시작은 납득입니다. 내가 먼저 납득이 돼야 다른 사람을 설득할 수 있습니다. 설득력이 떨어지는 이유는 내가 납득이 안 되는 데 다른 사람을 설득시키려 했기 때문입니다.

환경은 인류의 과제입니다. 복지도 예외는 아닙니다. 그런데 평소에 환경 파괴를 고민하지 않았고 문제의식도 간절하지 않았던 내가 환경을 살리는 기획을 맡았다고 생각해 보세요. 맡은 사업이니 자료를 찾아 인터넷 세상을 하염없이 떠돌아다닙니다. 억지스럽게 환경 프로그램 기획서 하나를 만들었습니다. 이제는 결재권이 있는 리더를 설득할 차례이지만 좀처럼 입이 떨어지지 않습니다. 보고를 하면서도 자신이 없습니다. 자신부터 납득이 되지 않아서 그렇습니다. 납득이 가지 않으니 일을 실행할 동기가 생기지 않고 다른 사람을 설득시키기가 어렵습니다.

설득을 떠올리면 자연스럽게 다른 사람을 생각합니다. 이제는 방향을 바꿔야 합니다. 내 자신부터 설득이 돼야 합니다. 가만히 기다리면 설득이 되지 않습니다. 노력해야 합니다. 평소에 생각하지 않았어도 해야만 하는 과제라면 공부를 해야 합니다. 환경을 아끼는 사람은 태어날 때부터 그런 게 아닙니다. 환경을 공부하고, 환경의 심각성을 몸으로 체험했기 때문입니다. 아는만큼 보이고, 아는만큼 사랑할 수 있습니다. 충분한 시간을 써서 공부를 하면 왜 필요한지가 이해됩니다. 이해가 되면 감정이 생기고 자연스럽게 실천으로 이어집니다. 물론 당장에 시급한 업무를 그렇게 하기는 어렵습니다. 그래도 공부를 하면 감정이 생기지는 않아도 적어도 논리적으로 납득은 됩니다. 최소한 납득이 되어야 설득의 논리가 펼쳐집니다.

스스로 충분히 납득이 되었다면 이제는 말로 전해야 합니다. 알아주기를 바라서는 안 됩니다. 가족도 애인도 말하지 않으면 모릅니다. 알아주기를 바라다가 꼭 실망하고 쌓이면 관계가 멀어집니다. 어른은 자신의 생각과 감정을 건강하게 표현하는 사람입니다. 몸이 커도 말로 표현하지 못하고 알아주기를 원하기만하면 몸만 큰 아이입니다. 리더는 더욱 자신의 생각과 감정을 정확하게 표현해야 합니다. 그래야 리드할 수 있고 리드해야 리더입니다. 설득에는 다양한 방법이 있습니다. 전작인 '말의 민주주의'에서 말한 설득의 방법을 인용해서 소개합니다.

첫째, 설득은 관계만큼 힘을 발휘합니다. 똑같은 말이어도 모르는 사람과 친한 사람의 말에는 차이가 있습니다. 똑같은 내용도 친한 사람의 말이 더 설득력 있게 들립니다. 모르는 사람의 말은 관계의 장벽에 막혀 있기 때문입니다. 처음 본 사람에게 고민을 말하지 않습니다. 충분히 알기 전까지는 본능적으로 경계합니다. 말은 주고받을 수 있지만, 깊은 대화는 어렵습니다. 주고받는 소리와 다르게 메시지는 관계에 비례해서 전달됩니다.

영업 사원은 이것을 누구보다 잘 알고 실천합니다. 만나자마자 계약서류를 내미는 영업 사원은 없습니다. 계약 달성이라는 보통의 인간관계와 다른 특수한 목적이 있지만, 계약을 위해서라도 먼저 관계를 맺습니다. 문자로 안부를 묻고, 커피 선물에 가족의 생일까지 챙깁니다. 관계를 맺기 위한 노력입니다. 관계만큼 설득의 힘이 발휘되는 것을 알기 때문입니다. 설득도 '관계'가 먼저입니다. 그룹 토의와 토론을 진행하면, 다짜고짜 열변을 토하는 사람이 있는 반면에 인사를 나누고 대화를 시작하는 사람이 있습니다. 자기만족도는 열변을 따라갈 수 없습니다. 그러나 설득 점수는 반대입니다. 설득은 내 만족이 아니라 상대의 만족을 중요하게 생각합니다.

둘째, 숫자는 설득의 신뢰도를 높입니다. 구체적인 묘사와 수치는 왠지 모를 신뢰감을 더해줍니다. 소설을 생각해 보세요. 소설의 매력은 사람들이 놓치는 일상, 관계, 심리, 사건에 대한 세밀한 묘사에 있습니다. '헤어져서 슬프다'는 말은 누구나 할 수 있습니다. 그러나 헤어진 슬픔에 시간과 공간과 기억을 담은 세밀한 묘사로 독자의 공감을 불러일으키는 건 소설가의 능력입니다. '배고프다'라는 말보다 '어제 점심에 라면 끓여 먹은 이후 먹은 게 없어'라는 말에 공감이 됩니다. '나 살을 많이 뺐어'라는 말보다 '20일 동안 6kg 뺐어'라는 말에 상대의 감탄사가 나옵니다. 두리뭉실한 표현은 설득의 힘을 잃고, 심하면 '나는 잘 모릅니다. 나는 확신할 수 없습니다'라는 잘못된 메시지를 전달합니다. 정확한 근거와 숫자가 아니어도 세밀하게 표현하기 위해 노력해야 합니다. 설득은 디테일입니다.

설득력을 높이는 세 번째 방법은 비교입니다. 비교는 쉬운 이해를 돕습니다. 설득을 위해서는 사건, 개념, 주장을 명확히 할수록 좋은데 세상일이 자로 잰 것처럼 명확하게 구분되지 않습니다. 봄, 여름, 가을, 겨울이란 표현을 사용하지만 그 경계가 명확하지 않은 것처럼요. 숨이 턱턱 막히고 가만히 앉아 있어도 땀이 흐르면 의심의 여지 없이 여름입니다. 그러나 봄과 여름, 가을과 여름 사이를 어느 시점으로 잘라서 정확하게 말하기는 어렵습니다. 그렇게 구분이 분명하지 않거나 설명하기 힘들 때 비교를 사용하면 효과적입니다. '어제보다 더웠다. 작년보다 추운 겨울이다. 우리 기관은 다른 기관보다 의사결정 구조가 수평적이다'처럼 어려운 기술이 아니라 평소에도 많이 사용하는 기법입니다.

특히, 비교는 찬반으로 토론하는 경우에 쟁점을 명확하게 정리하고 자신의 주장을 펼치는 주요한 수단입니다. 주장의 핵심을 도표로 만들어 상대의 주장과 비교해서 보여주면, 그것만으로도 설득력을 높입니다. 정치권에서 전 정권과 비교하는 이유는 그만큼 비교가 설득력을 높이고 심지어 감정까지 불러일으키기 때문입니다.

위에서 언급한 관계, 구체적 묘사, 비교 외에도 설득을 위한 다양한 방법이 있습니다. 어떤 방법을 사용하든 핵심은 상대를 생각하는 겁니다. 나만 생각하면 설명에 그칩니다. 왜 자꾸 사람을 가르치려 드냐는 말을 떠올려 보세요. 싫다는 뜻입니다. 나를 가르치지 말라는 말입니다. 팀장이 얼마나 많이 전달했느냐 보다 팀원이 얼마나 받아들였느냐가 중요합니다. 설명으로 멈추면 안 되고 설득해야 합니다. 설득해야 전달됩니다. 결국 리더십은 설득력입니다.

회의적 회의, 생산적 회의

기관에 자문을 가면 꼭 나오는 불만사항이 회의가 너무 많다는 겁니다. 회의가 많은 것도 문제인데, 결과물 없이 시간만 허비하는 건 더 큰 문제라고 합니다. 일을 해야 하는데 회의로 시간을 버린다고요. 이해가 되면서도 이상한 말입니다. 일을 위해서 회의를 하는데 회의로 일을 못하고 심지어 시간을 버린다니요. 조직에서 회의 말고 또 무엇을 할 수 있을까요? 사람이 모여서 일을 하는 기관은 서로 소통해야 합니다. 정보를 공유하고 의견을 모으고 결정해야 합니다. 그 수단이 회의입니다.

그런데도 이렇게 말하는 건 회의를 잘 못하고 있다는 뜻입니다. 먼저 '회의'의 뜻을 살펴보겠습니다. 뜻은 간단합니다. 의견을 모은다는 뜻입니다. 뜻대로만 한다면 뭐가 문제겠습니까? 의견을 모으지 않기 때문에 문제입니다. 사람만 모으고 의견을 모으지 않습니다. 그건 회의(會議)가 아니라 회인(會人)입니다. 문제가 있을수록 잔 해결책을 찾지 말고 본질에 충실해야 합니다. '회의'의 본질은 '의(議)'에 있습니다. 의논하는 자리가 되어야 합니다. 한자 '의(議)'는 말씀 언과 옳을 의가 합쳐진 글자입니다. 무엇이 옳은지를 말한다는 뜻입니다. 이번 행사는 어떻게 해야 좋을지, 이번 달 집중해야 하는 사업은 무엇인지, 문제의 핵심이 무엇인지를 논의하는 게 회의입니다.

그동안의 회의가 그랬는지 점검해 봅시다. 의논은 없고 리더의 설명만 있지는 않았나 돌아봅시다. 리더의 일방적인 훈계와 회의자료 읽기를 회의로 오해하지는 않았는지요. 물론 리더가 지시해야 할 때도 있습니다. 그럴 때는 회의라고 하지 말고 리더의 업무 지시 시간이라고 표현하면 됩니다. 서로의 업무를 공유하기 위한 목적이라면 업무공유 시간이라고 말하면 됩니다. 의논이 없어도 사람이 모이는 모든 일을 회의라고 부르니 회의만 넘쳐나는 것으로 느껴집니다. 회의라는 글자만 봐도 부정적인 감정이 먼저 떠오르는 이유입니다. 의견을 교환해서 더 좋은 의견으로 합쳐지는 생산적인 회의 맛을 보지 못했으니까요.

먼저 회의 목적을 분명히 해야 합니다. 지시하기 위한 것인지, 업무를 공유하기 위한 것인지, 의견을 모으기 위한 것인지, 결정하기 위한 것인지 목적이 분명해야 합니다. 모두 회의라는 용어를 쓸 수 있지만 의견을 모으는 목적이 아니라면 다른 이름을 붙이면 좋겠습니다. 목적도 세밀할수록 효과가 높습니다. 행복하게 살기 위한 방법은 회의할 수 없습니다. 끝없는 의견이 나오고 합의할 수도 없습니다. 물론 충분한 시간이 있다면 불가능한 것도 아니지만 그래도 너무 어려운 주제입니다. 행복보다는 건강이, 건강보다는 운동법이 더 적합한 목적입니다.

목적은 회의 안건과 이어집니다. 회의의 시작은 의제를 정하는 일입니다. 한국과 미국의 정상회담이 있다면 의제를 정하는 것부터가 과업입니다. 실무진에서 의제 선정을 위해서 물밑작업을 치밀하게 합니다. 무엇을 의제로 하느냐가 곧 회의의 성격과 결과물을 증명하기 때문입니다. 회의 목적에서 말한 것처럼 안건은 세밀해야 합니다. 중장기 발전방향은 회의 안건이 아닙니다. 토의와 토론 주제입니다. 회의는 의견을 모으고 결정해야 합니다. 중장기 발전방향을 수립하기 위해서 해야할 일들을 나누고 쪼개서 회의를 해야 합니다. 예를 들면 중장기 발전방향을 수립하기 위해서는 환경분석이 필요합니다. 지역의 복지환경 변화에서 우리 기관이 집중해야 하는 키워드를 정하는 건 그래도 회의가 됩니다. 작게 쪼갤수록 회의가 세밀해지고 구체적이고 실질적인 회의 결과를 얻습니다.

다음으로 회의 참석자 선정이 회의 질을 좌우합니다. 회의에는 의장이 있습니다. 팀장 회의는 팀장이 의장입니다. 진행자가 있습니다. 꼭 의장이 진행까지 할 필요는 없습니다. 의장이 회의를 시작하고 진행을 잘하는 사람에게 진행권을 넘기면 됩니다. 이렇게 하면 팀장은 회의에서 팀원의 의견에 집중하기 좋고, 팀원이 진행을 맡으면 한결 분위기도 편해지는 효과가 있습니다. 회의 기록자가 필요합니다. 과거에는 조직의 막내가 도맡던 일입니다. 이제는 막내라는 표현도 적합하지 않습니다. 회의록으로 문서 작성 훈련을 시키는 효과가 있었지만 단점은 가장 유연한 아이디어를 가진 직원의 의견을 못 듣게 됩니다. 아직 문서 작성력이 부족한 신입이라면 회의내용 기록 외에는 아무것도 하지 못합니다. 오히려 멀티가 가능한 직원이 회의내용을 기록하거나 음성을 텍스트로 전환하는 앱을 사용하는 게 효과적입니다.

회의 참석자 선정의 원칙은 모두 부르지 않는다는 겁니다. 한국의 회의 문화는 일단 모두 부르는 것이었습니다. 상무님 회의라면 상무님 아래로 모두 불러서 상무님과 부장님만 주고받는 대화를 합니다. 나머지는 묻는 것에 답하거나 듣기만 합니다. 회의를 활용해서 선배 세대의 정보와 노하우를 제공하거나 권위를 보여주는 시대나 맞는 방식입니다. 의견을 모으고 일이 되게 할 사람만 모이면 됩니다. 우리 팀 일이라고 우리 팀 모두를 부를 필요가 없습니다. 그런 것으로 팀워크가 생기지 않습니다. 회의 말고도 팀워크를 단단하게 만들 방법은 많습니다. 회의에 참석해서 듣고 있다고 일을 알게 되는 것도 아닙니다. 회의에 꼭 필요한 사람만 불러서 의견을 모읍시다. 그러기에도 시간이 모자랍니다. 시간은 금입니다.

회의 안건과 참석자가 정해졌다면 이제 회의 진행 기술을 늘려야 합니다. 의견을 모으기 위해서는 사전에 정보가 공유되어야 합니다. 회의 자리에서 회의록을 깔면 이미 한발 늦은 겁니다. 내용을 파악하는 데 시간이 걸려서 회의 시간은 자연히 길어지고 깊이 생각할 틈이 없어서 회의 질도 떨어집니다. 회의 전에 안건과 보충자료가 충분히 공유되어 의견을 만들 시간을 줘야 합니다. 그래야 회의 시간도 줄고 질 높은 회의, 생산적인 회의가 됩니다. 회의를 시작하면 의장이 회의 취지, 안건, 방식, 결정사항을 요약해서 말합니다. 3분 정도면 충분합니다. 아무리 길어도 5분을 넘지 말아야 합니다. 의장의 개회가 끝나면 바로 참석자의 의견을 듣습니다. 지지 발언, 질의 응답 시간을 거쳐서 결정합니다. 합의를 하거나 의장에게 일임합니다. 마지막으로 의장이 회의를 정리합니다. 결정사항을 확인하고 다음 회의나 후속조치 사항을 말합니다. 이렇게 40분을 넘지 않도록 애쓰면 좋겠습니다. 40분이 넘으면 인내심을 실험하게 됩니다. 회의 질도 떨어지고 시간만 잡아

먹습니다.

회의에는 조직 문화와 리더십이 담겨 있습니다. 문화는 오랜 시간 동안 만들어졌고 리더도 사람인지라 쉽사리 변하지 않습니다. 그래서 회의가 좀처럼 변하지 않는 겁니다. 회의를 보면 기관의 조직 문화와 리더십을 알 수 있습니다. 그나마 조직 문화와 리더십에 변화를 주려면 회의를 바꿔야 합니다. 회의가 바뀌면 견고했던 조직 문화와 리더십에 변화가 생깁니다. 물론 한번에 바뀌지는 않지만 작은 시도가 쌓여야 큰 변화도 가능한 법입니다. 그래서 회의가 중요합니다. 한번 더 회의를 점검하고, 회의가 회의적으로 되지 않도록 힘써야 합니다. 리더는 회의로 말합니다.

비전을 보여주는 슈퍼비전

상담, 컨설팅, 슈퍼비전의 시대입니다. 시대가 세분화, 전문화 되어서 그렇습니다. 문제가 갈수록 복잡해지고 다양해집니다. 이론으로 그치면 안 되고 구체적인 해법을 원합니다. 여기에 개인화된 사회도 한몫을 단단히 합니다. 상담, 컨설팅, 슈퍼비전은 전문가와 1:1에 최적화되어 있습니다. 물론 집단상담, 집단 컨설팅, 집단 슈퍼비전도 있지만요.

복지 현장도 예외는 아닙니다. 상담은 복지 현장과 뗄래야 뗄 수 없는 분야입니다. 사람을 만나고 사례관리가 강조되면서 무엇보다 강조되었습니다. 컨설팅은 자문이란 명칭으로 분기별, 사업별로 숱하게 받습니다. 슈퍼비전은 어떻습니까? 상담, 컨설팅과 비교할 수 없게 오남용되는 분야가 아닐까요?

현장의 슈퍼비전은 상담, 컨설팅, 슈퍼비전이 혼합되어 있습니다. 넓은 의미에서 슈퍼비전에 상담과 컨설팅의 요소가 포함되기는 합니다. 그러나 슈퍼비전의 목적이 분명하지 않으니 슈퍼비전을 수단으로 너무 많은 것을 하려고 합니다. 오남용 된다는 건 이런 뜻입니다. 많은 것보다 잘못 사용하는 게 문제입니다. 슈퍼비전을 본래의 뜻에 맞게 사용하려면 말의 뜻부터 살펴야 합니다.

슈퍼비전은 비전과 슈퍼가 합쳐진 말입니다. 쉽게 풀이하면 비전을 강화하는 것입니다. 잘 보이게 한다면 더 이해가 쉽습니다. 왜 잘 보이게 해야 할까요? 보여야 움직이기 때문입니다. 일의 끝이 보여야 합니다. 일의 목적이 보여야 합니다. 보여야 시작하고 힘을 허비하지 않고 집중할 수 있습니다. 등산으로 예를 들면 숲속에서는 정상이 보이지 않습니다. 묵묵히 한 걸음씩 걸을 따름입니다. 더욱이 체력이 떨어지고 급경사를 만나면 아무 것도 보이지 않습니다. 그럴때 정상을 경험한 사람이, 혹은 숲 밖에서 볼 수 있는 사람이 말해주면 방향을 잃지 않고 힘도 얻게 됩니다.

그럼 보여주기 위한 구체적인 방법을 생각해 봅시다. 첫째, 실습입니다. 백문이불여일견이라고 했습니다. 아무리 말해줘야 소용 없습니다. 보고 경험하는 것만한 게 없습니다. 작은 과업으로 경험하면서 시선을 넓혀주는 방법입니다. 둘째, 발표입니다. 실제로 해보는 것으로는 경험은 되나 정리가 되지 않습니다. 시험을 봐야 점검이 되고 집중하게 되는 것과 같습니다. 사회복지 대학생 실습의 마무리로 발표를 시키는 이유입니다. 현장의 평가회의도 같은 의미입니다. 셋째, 코칭입니다. 일대일로 문제점을 파악하고 구체적인 해결방법을 찾습니다. 현장에서는 상담이 더해져서 상담코칭이란 표현이 더 적합하리라 생각됩니다. 차가운 코칭과 따뜻한 상담이 결합된 복지 현장의 독특한 슈퍼비전입니다. 넷째, 사례회의입니다. 회의 자체가 슈퍼비전은 아니지만 회의를 수단으로 리더의 경험을 전달하고 해결책을 모색합니다. 다섯째, 피드백입니다. 팀원의 보고와 결재문서에 의견을 달아서 일이 효율적으로 진행되도록 합니다. 피드백을 지적하는 용도로만 사용하지 않으면 좋겠습니다. 여섯째, 학습입니다. 책을 권하거나 도움이 되는 자료를 제공하고 학습모임을 운영합니다. 일곱 번째, 참관입니다. 말로만 전달하지 않고 몸으로 직접 보여주는 방법입니다. 주민과 인사하고 관계 맺는 모습을 보여주면 이해가 쉽고 노하우를 배우게 됩니다.

슈퍼비전의 구체적인 방법을 7개나 굳이 열거한 이유가 있습니다. 선택할 수 있는 슈퍼비전의 방법이 다양하다는 사실을 보여주고 싶었습니다. 왜냐면 현장의 슈퍼비전은 1:1 대면

상담이나 정기적인 슈퍼비전 시간을 정해서 질문하고 답하는 방식만이 주로 사용되기 때문입니다. 그나마도 잘 이뤄지면 좋겠지만 형식적인 슈퍼비전이 되곤 합니다. 팀원은 궁금한 것도 없는데 억지로 질문을 만들어야 합니다. 팀장님, 부장님, 관장님용 질문을 따로 만들기라도 한다면 질문을 만드는 슈퍼비전을 받아야 할 판입니다. 웃픈 현실입니다.

슈퍼비전도 시대에 맞는 방법이 있습니다. 과거에는 정보와 경험이 충분한 리더에 의한 코칭이 대세였다면 이제는 참관과 학습이 중요합니다. 사회 변화가 너무 빠르고 복잡해져서 리더도 답을 알지 못하는 사례가 더 많아졌기 때문입니다. 변화에 대응하는 방법을 몸으로 먼저 보여줘야 합니다. 특히나 관계 맺기를 어려워하는 팀원들에게 관계를 맺으라고 말만 해서는 안 됩니다. 주민 프로그램 진행하는 모습을 먼저 보여줍니다. 동네 세탁소 사장님과 인사하고 부탁드리는 모습을 보여줍니다. 영상 시대에 태어난 팀원들에게는 더욱 그래야 합니다. 읽고 듣는 것보다 보는 것이 훨씬 더 익숙한 세대입니다.

무슨 방법을 사용하든 핵심은 더 잘 보이게 해주는 겁니다. 꼭 위의 7가지 방법을 사용하지 않아도 됩니다. 슈퍼비전이란 수단에 빠지지 말고 목적을 생각해야 합니다. 본질을 찾는 방법은 질문입니다. 어떻게 하면 보이게 할까? 질문할수록 구체적인 방법이 생각납니다. 질문이 깊어질수록 현실적인 방법을 찾게 됩니다. 팀원을 만나기 전에 리더가 이렇게 질문하고 고심하는 과정이 슈퍼비전입니다. 거기에 팀원을 아끼는 마음이 있다면 슈퍼비전이 조금 서툴러도 목적을 달성할 수 있습니다. 사랑하는 마음만큼 사람의 시야를 넓고 깊게 하는 것도 없습니다. 우리는 그렇게 누군가의 사랑으로 인해 세상을 보게 된 사람입니다.

소통은 판단중지

소통의 시대라고 말합니다. 누가 그렇게 말해주지 않아도 누구보다 리더가 절감합니다. 어느 시대건 세대 차이가 있었습니다. 고대 이집트의 상형 문자에도 요즘 젊은이들은 안 된다는 말이 기록되어있다는 농담이 있을 정도입니다. 그런데 시대 변화가 갈수록 빨라져서 세대 차이의 간극도 메우기가 어려워졌습니다. 유선 전화, 삐삐, 시티폰, 휴대폰, 스마트폰만 비교해도 쉽게 알 수 있습니다. 유선 전화로 친구에게 전화한 사람과 휴대폰 인스타 디엠으로 연락을 하는 사람의 생각과 소통방식에는 차이가 있습니다. 그냥 차이 정도가 아니라 어마어마한 차이입니다.

실제로 리더를 만나면 소통의 어려움을 말합니다. 특히 신입 직원, 나이 차이가 많이 나는 직원과의 어려움을 호소합니다.

이해하려고 노력하지만 어느 때는 이해의 한계를 넘어서 단절의 상태가 되곤 합니다. 마음에 맞지 않는 사람은 만나지 않으면 그만입니다. 그러나 직장은 다릅니다. 일을 해야 합니다. 일을 하려면 말을 해야 하고, 말을 하려면 대면해야 합니다. 말이 통하지 않거나 소통이 어려운 사람과 마주 앉는 것만큼 힘든 일도 없습니다. 그러면 어떻게 해야 할까요? 장자의 이야기에서 실마리를 얻습니다.

> "원숭이 키우는 사람이 원숭이에게 도토리를 주면서, '아침에 셋, 저녁에 넷을 주겠다'라고 하였다. 원숭이들이 모두 화를 냈다. 그러자 그 사람은 '그러면 아침에 넷, 저녁에 셋을 주겠다'라고 하자 원숭이들이 모두 기뻐했다. 명목이나 실질에 아무런 차이가 없는데도 원숭이들은 화를 내다가 기뻐했다. (그 원숭이 키우는 사람도) 있는 그대로 따랐을 뿐이다. 그러므로 성인은 옳고 그름을 자유롭게 사용함으로써 대립을 조화시키고, 자연스러운 가지런함에 편안해한다. 이를 일러 양행이라고 한다"

원숭이 키우는 사람은 원숭이를 생각해서 말했습니다. 원숭이를 화나게 하려는 의도가 전혀 없었습니다. 하지만 결과적으로 원숭이를 화나게 만들었습니다. 그래서 다시 제안합니다. 이번에는 원숭이가 기뻐합니다. 사람 입장에서는 매우 당혹스러운 일입니다.

장자의 소통은 당혹스러움에서 시작됩니다. 왜 당혹스럽냐면 나와 다르기 때문입니다. 다름을 받아들이고 생각할 시간이 필요합니다. 다름을 '타자성', 생각할 시간을 '판단중지'라고 합니다. 화내는 원숭이에게 다른 제안을 하지 않고 관계를 끝낼 수도 있습니다. 이해 못 할 존재들이니까요. 여기서 중요한 것이 이해의 기준이 무엇이냐는 것입니다. 기준은 '나'입니다. 다른 것을 만났을 때 나의 기준으로 거부하거나 기준을 바꾸어 받아들일 수 있습니다. 전자를 고착된 자의식, 후자를 임시적 자의식으로 표현하기도 합니다.

고착된 자의식을 잘못된 것이라고 단정 지을 수는 없습니다. 몸을 가지고 살아가는 우리는 항상 어떤 특정한 시간과 공간의 경험에서 자유로울 수 없는 존재이기 때문입니다. 또한 고착된 자의식의 표현인 선입견을 우리는 부정적으로 생각하는 경향이 있는데 꼭 그렇지는 않습니다. 사실 선입견이 없다면 어떤 것을 이해하거나 생각할 수 없을지도 모릅니다. 때문에 고착된 자의식으로 소통이 안 된다는 주장보다는 한계에 주목하는 것이 더 합리적입니다. 장자가 말하는 소통은 단순한 의사소통을 넘어 새로운 관계가 만들어지는 것이니까요.

다시 이야기로 돌아가면 조삼모사 이야기의 주인공은 사람이 아니라 원숭이입니다. 원숭이가 제안을 받아들여야 끝나는 이야기입니다. 두 번째 제안도 싫다고 하면 이야기는 끝나지 않습니다. 세 번, 네 번의 제안이 계속되어야 합니다. 다름을 만나면 잠시 멈춰야 합니다. 나의 기준으로 판단하지 말고 판단을 유보해야 합니다.

다름을 만나서 당혹스러울 때 내 기준의 판단을 멈추는 것이 소통의 시작입니다. 그다음 시선을 타자에게로 고정합니다. 타자의 기준을 알려고 노력합니다. 원숭이 키우는 사람처럼 제안합니다. 이야기는 한 번의 제안으로 끝나지만 실제로는 기약할 수 없는 제안이기에 매우 어렵습니다. 장자도 그렇게 이야기합니다. 원숭이의 화를 참아내고 당혹스러움을 견뎌내는 사람을 '성인'이라고 부르는 이유입니다.

이제 방향은 알았습니다. 그러면 어떻게 하면 될까요? 질문에 답하기 위해서는 '임시적 자의식'이란 개념을 먼저 알아야 합니다. 말 그대로 아직 완성된 형태의 자의식이 아니라 과정에 있는 자의식입니다. 유연하다는 말을 생각하면 쉽습니다. 단단하면 변하기 어렵습니다. 임시적 자의식은 다름을 받아들이는 중간지대입니다. 협상테이블처럼 다름의 주체와 만나는 공간입니다. 때문에 장자의 소통을 오해하여 남의 비위를 맞추는 것으로 이해하면 곤란합니다. 나만 변하는 것이 아니라 다름의 주체도 함께 변합니다. 중간지대에서 만나 상대방에게 맞추면 나는 더욱 나다워지고 너는 더욱 너다워집니다.

소통의 시대라고 말합니다. 새로운 시대의 리더는 소통하는 사람이라고 말합니다. 하지만 정작 우리는 소통의 원리에 대해서는 너무도 무지합니다. 대화의 기술과 커뮤니케이션의 온갖 기법이 난무하지만 소통의 뿌리에 대해서는 좀처럼 듣기가 어렵습니다. 뿌리를 알고 싶다면 장자의 이야기에 귀 기울여야 합니다.

장자는 말합니다. 다름이 주는 당혹감을 경험하라고요. 나의 경험적 판단기준을 잠시 내려놓고 상대방에게 집중하라고요. 원숭이를 키우는 사람처럼 한 번의 당혹감에 포기하지 말고 한 걸음 더 내딛으라고요. 그러면 상대방에 맞추느라 나를 잃어버리는 것이 아니라 나는 더 나답게 된다고 말합니다. 나만 그런 것이 아니라 내가 맞추려 노력했던 상대방도 동일한 변화를 경험합니다. 결국 '너'와 '나'는 이전의 경험을 넘어선 '새로운 우리'가 됩니다. 소통의 시대에 2,300년 전 장자가 말해주는 소통의 뿌리입니다.

에필로그

리더를 주제로 글을 쓰면서 떠오르는 사람들이 있습니다. 윗세대와 아랫세대 사이에서 힘쓰고 있는 중간 리더들입니다. 조직은 성과가 중요하다는 것을 압니다. 그래서 더를 외치는 윗세대가 이해는 됩니다. 그렇다고 그렇게만 하기에는 팀원들의 고충은 눈 앞의 현실입니다. 예전처럼 팀을 생각해서 함께 힘을 내자고 해도 움직여지지 않습니다. 더 잘하고 싶은데 시간이 갈수록 힘만 빠지고 내 능력의 부족함만 느낍니다.

이상합니다. 충분히 열심히 한 리더들은 자신을 돌아보고 책망하고 부족하다고 말합니다. 반대로 자신을 돌아봐야하는 리더들은 스스로 잘하고 있다고 착각하고 있으니 말입니다. 이 책은 전자의 리더들을 생각하며 썼습니다. 어차피 잘한다고 생각하는 리더가 이런 책을 펼칠 리도 없습니다.

돌아본다는 것이 지나쳐서 성찰이 아닌 반성만 해서는 곤란합니다. 반성이 쌓여서 자책이 되고 자기 비하가 되어서는 더더욱 안 됩니다. 지금 여러분 자신을 신뢰하면 좋겠습니다. 능력에 대한 신뢰가 아니라 존재의 신뢰입니다. 자신감은 스스로를 신뢰하는 마음입니다. 뭐든지 해낼 수 있다고 큰 소리 치며 주먹을 불끈 쥐는 게 자신감이 아니란 말입니다.

돌아보면 부끄럽습니다. 돌이킬 수만 있다면 지우고 싶은 순간이 있습니다. 그런 순간이 없으면 자신감이 생길까요? 자신감은 그런 행위의 결과가 아닙니다. 그럼에도 지금 살아서 여기 있는 존재를 신뢰하는 겁니다. 그럼에도 내가 지금 여기 있으니 내일도 있을 것이라는, 지금 여기 있는 존재의 신뢰입니다.

여러분은 그런 사람입니다. 어느 누가 온들 지금 여러분의 자리에서 여러분보다 더 잘할 수 있을까요? 절대로 그렇지 않습니다. 설사 그런 사람이 있을지라도 지금 그곳을 지키는 사람은 여러분입니다. 조금 더 당당했으면 좋겠습니다. 무릎에 힘을 주고 어깨를 펴고 고개를 들고 지금까지 현장을 지켜낸 자신의 존재를 긍정했으면 좋겠습니다.

뇌는 결정을 내리면 그것을 실행하기 위해서 증거를 모은다고 합니다. 가방을 사기로 마음 먹으면 가방만 보이고 가방을 사야하는 이유가 늘어납니다. 뇌의 습성이자 나쁜 생각이 위험한 이유입니다. 어차피 안 될 거라고 결정하면 뇌는 안 될 이유를 찾습니다. 그러면 다음에는 더 안될 거란 생각을 하고 뇌는 더 안 될 이유를 찾습니다. 이렇게 악순환되면 결국 안 될 것이라는 걱정이 확신이 됩니다. 확증편향의 뜻입니다.

현장의 어려움과 한계는 말해봐야 목만 아픕니다. 그럼에도 현장에서 복지를 해야 한다면 다시 좋은 결정을 해야 합니다. 제도와 법인과 기관은 바꾸지 못하지만 지금 내 생각과 마음은 내 손에 있습니다. 그렇다고 다 잘될 거란 정신승리, 다 괜찮다는 감정회피를 하라는 건 아닙니다. 오늘 할 수 있는 작은 변화를 시도하는 겁니다. '어차피' 대신에 '이번에는'라는 말이 시작입니다.

새로운 시도가 내 뜻대로 되지 않아도 역시 안 된다고 생각하지 않고 다시 시도하는 사람이 리더입니다. 물론 힘든 일입니다. 그래서 사람이 필요합니다. 함께 마음을 나눌 사람이 있어야 합니다. 내 하소연을 들어줄 사람이 있어야 합니다. 혼자서 끙끙 앓아서는 답이 없습니다. 엄마도 엄마가 필요하듯이 리더도 리더가 필요합니다.

조직 내부에 그런 사람이 있다면 고마운 일입니다. 없다면 밖에서라도 찾아야 합니다. 분명 있습니다.

내 고민을 상담해주고 해결책을 제시해 줄 전문가를 말하는 게 아닙니다. 나와 똑같은 처지에, 같은 마음으로 힘겨워하는 동료 리더가 있습니다. 이 책이 그런 동료가 되길 바라는 마음입니다. 이 책이 그런 동료를 만나기 위해 떠나는 한 걸음이 되었으면 좋겠습니다.

리더는 알고 결정하고 움직이는 사람이라며 시작했던 책을 이제 마무리해야 합니다. 일요일 오후에 서울시청 도서관에서 책의 마지막을 쓰고 있습니다. 일요일 오후의 시간이 아깝지 않은 이유는 복지 현장의 리더들을 생각하는 마음 때문입니다. 신림, 방아골, 중계, 녹번, 성수, 하계, 광명, 흰돌, 전주, 남원, 홍은, 가락, 성산, 신목, 염리, 동대문, 광장, 원광, 성내, 면목… 동료 리더들이 떠오릅니다. 그들에게 이 편지가 잘 도착하면 좋겠습니다. 책을 마무리하며 떠올리니 더 보고 싶습니다. 내일 아침에는 마음 담은 톡을 보내야겠습니다. 그게 저의 일인가 봅니다. 저도 제가 할 일을 하겠습니다.

리더가 하는 일

초 판 1쇄 발행   2025년 10월 13일

지 은 이   노수현
펴 낸 이   노수현
디 자 인   서인혜
펴 낸 곳   마음대로
등   록   제2018-000139
주   소   서울시 중구 세종대로 19길 16, 성공회빌딩 별관 302호
이 메 일   nsoo102@naver.com
홈페이지   maeumbook.imweb.me

가격 12,000원
ISBN 979-11-986193-5-8

마음대로